崔 碩栄



# 「反日モンスター」はこうして作られた

## 狂暴化する韓国人の心の中の怪物〈ケムル〉

講談社+α《プラスアルファ》新書

# はじめに

どんな社会であれ、「タブー」というやつは存在する。権力者に対する批判であったり、伝統的な価値観を否定する行為であったり、あるいは、物理的に暴力をふるう人物や組織に対する批判であったり、それは様々だ。

具体的に挙げるとすれば、古代の王国であったり、大帝国の皇帝たち、地動説を唱えることが異端とみなされた中世宗教世界の雰囲気、武力で鉄拳統治をおこなった近代の軍事政権、現在、世界のどこの地域にでもいる暴力団を断罪する行為などである。

これらのタブーの共通点は、特定の人物や組織が「力」を持っており、一般大衆がそれに対し脅威を感じ、危険にさらされているという点だ。つまり一般大衆は「抑圧された存在」であり、「被害者」である。

ところが、韓国にはこれらとは違う形態の「タブー」が存在する。その「タブー」とは、日本を称賛する行為、あるいは日本と比較して韓国を批判する行為だ。これらの「韓国社会のタブー」が先に述べたタブーと異なる点は、「韓国社会のタブー」は権力者、組織、伝統等により作り出されたものではなく、一般大衆の「暗黙の了解」により醸成され、維持されているという点だ。

つまり、日本を称賛する人を「親日派」だと批判し、日本と比較し韓国を批判する人を「非国民」あるいは「売国奴」だと指さして魔女狩り《マニョサニャン》に乗り出すのは、他でもない「一般大衆」だという点である。そして一般大衆の「暗黙の了解」の下に形成された「タブー」は一般人のみならず、権力者さえも脅かす存在となったのだ。

独裁国家の権力者に対する「タブー」は、政権が倒れるか権力者が死亡すれば、それとともに失われる場合が多い。だが権力者だけでなく一般大衆を含む社会全体が一緒になって作り上げた「韓国社会のタブー」は、権力者が変わり時間が過ぎたとしても、自然消滅することはない。

そしてそれは、社会を支配する一つの「脅威」となり、誰にも触れることのできない存在となった。〈怪物《ケムル》〉のようになったその「タブー」の正体は、「反日感情」である。その「タブー」が作り出した、韓国社会の悲喜劇を、実際に起きた事件を中心に紹介する。

大統領さえも恐れるほどに大きく成長してしまった「モンスター」の成長から現代まで。

# ◉目次

## 第2章　政治編――モンスターには大統領すら怯える



## 第3章　社会編――モンスターが〈反日無罪〉を可能にする

## 第4章　マスコミ編——何人もモンスター批判はできない



## 第5章　芸能・文化編——モンスターの新しい活動領域

## 第6章　反日モンスターは封印できるか



## 第7章　モンスターに立ち向かうゲリラたち

●本書の表記について

「独島（ドクト）：日本名 竹島（たけしま）」。本書において、この問題について、韓国側からの視点から語る際には「独島」と表記する。

在日韓国人・在日朝鮮人：本書ではこの言葉を、現在の国籍にかかわらず、韓国系・朝鮮系の父母を有し、自らそれを認める人々に広く使用している。

# 第1章　韓国社会が生み出した「反日モンスター」

## 私が、韓国の反日感情を「モンスター」と表現した理由

### 反日という名の薬と「モンスター」

二〇一三年二月、朴槿恵《パククネ》が韓国の大統領に就任した。それから八ヵ月ほど過ぎた二〇一三年十月、韓国ソウルにいた私は、日本のＴＶ局からインタビュー要請を受けた。

その頃の朴大統領は、世界各国の首脳と会談するたびに日本を批判するという、いわゆる「告げ口外交」を繰り広げていた。そして韓国のマスコミは、一日と置かず、安倍総理の政策と日本社会の雰囲気を「右傾化」、「軍国主義の復活」などと刺激的な単語を駆使して、繰り返し報道していた。

日本のマスコミが、韓国内の感情的な報道とそれに対する国民の反応を紹介すると、日本国内からは韓国の反日感情について憂慮する声が聞こえてくるようになった。

韓国の反日感情について記述した拙著『韓国人が書いた韓国が「反日国家」である本当の理由』（二〇一二　彩図社）を読んだという局関係者が、私の意見を聞かせてくれと依頼してきたのには、このような背景があった。

韓国の反日感情については、これまでにも多くの分析、研究がなされ、報道されてきた。それらの多くは、その原因を両国の不幸な歴史、儒教的思考の影響を受けた小中華主義、対日コンプレックス、国民の目を都合の悪いものから逸らそうという韓国政権の意図、行き過ぎた反日教育などを理由として挙げている。

これらのうちのどれか一つが決定的な要因だとすることは出来ないが、これらの理由が複合的に絡み合い、結果として韓国国民の反日感情を作り上げていることは間違いないだろう（これらの要因に加え、売名や商業目的のために反日感情を利用している勢力があり、国民の反日感情を煽っておいて、自らの愛国パフォーマンスを際立たせようと行動している場合があるというのが、これに関する私の見解である）。

ところで、日本のTV局とのインタビューにおいて、私は次のような発言をしている。

「韓国の歴代政権も反日感情を利用してきた。反日を掲げさえすれば国民が何でも支持し、賛成するから。そして反日が使えることに気づいた。すると皆が反日感情を利用するようになり、それを濫用した結果、薬の過剰摂取のように効かなくなってしまった。（より強い薬を求め続けた結果）それがモンスターみたいになったのだ。最初は反日感情を操ることができていたが、使い過ぎて今では人間より大きいモンスターになり、人間がコントロールできなくなった」

原稿もなく、その場のやり取りの中で出てきた話であり、放送時にはそれがさらに簡略に編集されていたので、残念ながら真意をうまく伝えられていなかったように思う。あの時、私が本当に伝えたかったこと、すなわち、韓国の反日感情、反日モンスターの正体について、もう一度、整理してみたいと思う。

韓国の歴代政権、与野党を問わず政治家たち、知識人たち、そして最近では芸能人や商売人たちまで、〈反日感情〉を「万能薬」として利用してきた。〈反日〉を前面に押し出しさえすれば、無条件に支持や称賛を我がものとすることができるからだ。

それらの目的は各人各様である。例えば政治家は票を得るために、芸能人は人気を得るために、学者たちは研究費を得るため、あるいは名前を売るために、作家たちはベストセラー作家になるために、そして実業家たちは金銭的利益を求めて反日感情を利用してきた。

そして、これが効果的だと気付くと、彼らは自分たちがなさねばならない仕事、すなわち、立法活動を行い、論文発表を行い、アイディアを出し、サービスの改善に努めるといった本来の仕事に力と時間を注ぐことを怠るようになった。代わりに、より手軽でスピーディー、そのうえ効果的な〈反日感情〉を繰り返し利用するようになったのだ。

だが、誰もかれもが反日感情を利用するようになると、その〈薬効〉は薄れていった。初期には日本の政治家や政策を非難するだけで拍手が送られ、愛国者だと新聞やテレビで紹介されていたのだが、今となってはその程度では注目されることすらなくなってしまった。こうなると、以前と同じ効果を得るために、さらに純度が高く、強力な〈薬〉を求めるようになった。刺激的で、センセーショナルな反日素材を求め、派手な行動を起こすようになったのだ。

〈日の丸〉の前に動物の死体を置いての反日デモを行う団体があるかと思えば、自身の指を詰め日本大使館に送りつける人もいる。とあるマスコミに至っては、戦時中の日本では、人の死体を搾って作った油を飛行機の燃料にしていたなどという、ショッキングな、信じがたい記事を掲載したりもした。

日本を批判するスローガンを掲げる程度では、誰からも振り向いてもらえなくなってしまったために、注目してもらうための手段として表現を徐々にエスカレートさせざるを得なかったのだ。

〈薬〉の濫用による弊害（即ち、常識の範囲を逸脱した過激な行動や流言飛語の拡散）が間違いなく確認されるのであれば、その薬の副作用を防ぐことを考えなければならない。これが、一般的な考え方である。

だが、継続して服用し、その服用量を着実に増やしてきた薬の摂取を唐突に中断することは危険だし、それが麻薬のように常習性のあるものであれば、なおさら不可能に近いのではないだろうか。それであれば、少しずつ、薬の量、純度を下げていくのが、理想的な対応ではないだろうか。

だが、今や韓国社会は、そんな対応すらもできない状況に陥っている。

何故ならば、韓国社会において、反日感情を〈エサ〉として生きている〈生命体〉は、もはや、人の手には負えないほどに巨大化してしまっているからだ。

## 誰も制御できなくなった愛玩動物

韓国社会には反日感情、また反日感情によって生じた憎悪、そして攻撃的な〈生命体〉が存在する。それは別の言葉で言えば、韓国社会における目に見えない「暗黙のルール」、あるいは「逆らいようのない空気感」とも言えるかもしれない。その〈生命体〉を、ここで「反日モンスター」と名付ける。

この〈生命体〉だが、最初からモンスターとして存在していたわけではない。そいつが生まれたばかりの頃には、飼い主の言うことをよく聞く、従順なペットのような存在だった。飼い主がボールを投げて、取って来いと「指示」すれば、ボールに向かって走り、ボールを捕えて咥えてくる愛犬のように、純粋で扱いやすいペットに過ぎなかったのだ。

その頃の「モンスター」は、例えばこんなふうに〈愛嬌を振りまいて〉いた。

自分に敵対する特定人物に「親日派」というレッテルを貼る。これがモンスターに対する「指示」である。「指示」をすると、韓国社会のどこだかに隠れていた怪物《ケムル》が元気よく飛び出してい き、対象者を親日派だと攻撃する。

この頃のモンスターの行動はシンプルで、飼い主が投げたボールを愛犬が尻尾を振りながら咥えてくるのと何一つ変わらない、「指示」に従った行動であった。

モンスターを利用すれば、誰かにダメージを与えることは簡単で、しかも、かなりの効果が見込める。これが明らかになると、〈飼い主〉は、怪物《ケムル》の力を借りなくても解決できるような問題でさえもモンスターを呼び、安易に解決をする癖をつけてしまった。

さらに、モンスターは、政敵やライバルへの攻撃という目的に役立つのみならず、モンスターを使えば、自身が〈正義の使者〉であるかのように世間から評価される。やがて人々は、マスコミなどによって名前を広めてもらえる、あるいは売り上げが向上するなど、魅力的な〈プラスの副作用〉があることに気づいた。

そして、飼い主に認めてもらったモンスターは気を良くしたのか、それまで以上に飼い主の期待を裏切らない、十分な活躍をしてみせた。人々が怪物《ケムル》に頼る回数、そして怪物《ケムル》に頼る人の数が徐々に増えていったのは当然の結果であり、驚くには当たらないだろう。

モンスターに対する人々の期待が徐々に膨らんでいくのにつれ、飼い主たちは、このペットがもっと大きくなり、身体も力も強くなればいいと願うようになった。もっと簡単に、もっと早く自分たちが望む結果を手に入れたいと願ったのである。

飼い主はペットが望むエサを与え続け、ペットはやがて飼い主の期待通り、闘犬のような力強く逞しい生命体へと成長した。爪で引っ掻き傷を残すのが精いっぱいだった前足は、一発お見舞いするだけで相手をKOできるほどに強くなった。肉を噛み切ることにさえ苦戦していた犬歯も、相手の首に噛みつけばその命を奪うことだってできるほどの凶器になった。

飼い主は喜んだ。自分の目的を達成するのが、以前よりはるかに簡単になったと考えたからだ。

そんなある日、とんでもない事態が発生した。ペットの身体、そして力が大きくなりすぎてしまったために、飼い主が十分にコントロールしきれない状況が発生したのだ。少し吠えて脅してやれと言っただけなのに、ペットは噛みついて致命傷を与えてしまったのだ。ついには、誰彼かまわず飛びつこうとするペットを制止しようとした飼い主にさえ牙をむくような事件が起きた。

自分のコントロール下にあったはずのよく訓練された小さくてかわいかったペットは、いつの間にか、飼い主の声さえも無視する乱暴な存在に変わっていた。いつ誰に牙をむくのかさえもわからない、巨大で乱暴な〈モンスター〉になってしまったのだ。

そして、いつからかモンスターは、飼い主が何の指示も出さなくても、退屈しのぎに街に出向いては、手当たり次第にターゲットを見つけ、〈狩り〉をするようになった。このようにして攻撃を受けたターゲットには、政治家やタレントなどの有名人ばかりでなく、何の罪もない一般人、時として飼い主自身も含まれていた。

飼い主は、ここに至って初めて、この怪物《ケムル》が自分自身にとっても危険な存在であることに気付いた。だが、首輪をつけ鎖で繋ごうにも、モンスターは既にそのために近づくことすらできない、恐ろしい存在になってしまっていたのである。

いつの間にか飼い主は、モンスターのご機嫌を窺いながらエサを与え、狩りにモンスターを連れていくのではなく、モンスターの狩りに後ろからついていくという身分に成り下がってしまっていた。

ここで、モンスターを育てた〈飼い主〉とは言うまでもなく韓国政府、マスコミ、知識人、芸能人、商売人など、韓国社会をリードする人々である。彼らは、〈反日感情〉というモンスターを利用すれば、いともたやすく国民の支持を取りつけ、国民を思いのままに操ることができるということに気づいて以来、繰り返しモンスターを利用してきた。モンスターを〈濫用〉することがどれほどまでに危険なことか、考えてみることすらしなかったのだ。

少なくない数の韓国人（特に為政者たち）が、繰り返し反日感情を煽ることによって、また、その副作用の一つとして反日感情が植え付けられることによって、反日感情を煽ることが、韓国社会における最も〈強力〉な煽動手段となった。そしてそれが繰り返される中で、反日感情は、それを利用する側でさえご機嫌を窺い、細心の注意を払って取り扱わなければならない怪物《ケムル》へと成長した。やや極端な言い方をすれば、モンスターに支配されているのと何ら変わらないような状況に陥ってしまったのだ。

## モンスターの誕生――戦後の状況

隣接する国家同士の関係が良好であるというケースは珍しい。英仏関係のように戦争や衝突を起こすことまではなかったとしても、国家である以上、競争し、嫉妬し、嘲笑し合った歴史は少

親日派・民族叛逆者規定

民戰에서選擧權剝奪의範圍

民戰에서는 五日 前에 發表한 民戰의 地方選擧行動綱領에 依한 選擧에 있어서의 選擧權을 剝奪할 親日派 民族叛逆者의 範圍를 다음과같이 解釋確定하였다

(一) 貴族院議員及朝鮮貴族令에 依하야 受爵한 朝鮮人들 李王族族中殿下의 稱號를받은者는 當然히 이에包含된다

(二) 朝鮮總督府中樞院參議와顧問을歷任한者들

(三) 道會議員及 府會議員을歷任한者들 이것은官選道會議員 官選府會議員만을意味하고 民選道議員 民選府會議員은除外한다

(四) 日帝時代의朝鮮總督府及道 市 郡責任者地位에서 勤務한朝鮮人으吏들 여기에責任者地位라는것은 郡守級以上의官吏를意味한다 但 技術官系統은其官等如此를莫論하고여기에서除外한다

(五) 日帝時代의 警察 憲兵 檢事局裁判所의責任地位에서 또는 惡質的으로服務한朝鮮人들 여기에責任者地位라는것은 警察은警察官署의主任以上 憲兵은兵長以上檢事局은檢事正次席檢事以上 裁判所는院長部長判事 支廳上席判事以上을意味한다 日本軍籍을가졌든者들 中에서志願兵學兵徵兵에關한法令에依한者는除外하고准尉以上의階級을가졌든者들은 이項에包含된다

(六) 自己利益을爲하야 朝鮮人民에게 害毒을끼치며 自發的으로 日本帝國主義를 도읍기爲하야

【終戦後、親日派に対するバッシングは何年も続いた。親日派の選挙権を剥奪しようとする動きを報じた京郷新聞　1947.3.6】

なからず世界のあらゆる地域に存在している。日韓の歴史を、韓国側の立場から紐解いてみれば、「豊臣秀吉による朝鮮侵略」があり、一九一〇年の「韓国併合」という絶対的な「負の記憶」がある。日本に対し敵対心を抱くのは、ある程度自然なことである。

一九四五年八月十五日の終戦に伴い独立が叶った朝鮮半島には、喜びが満ち溢れた。だが、日本の支配から脱した喜びの後には、いくつもの混乱が待ち受けていた。モンスターが産声を上げたのはこの混乱の中である。

日本統治期に、親日的行為を行っていた人々に対する、報復と処罰が始まったのだ。朝鮮総督府の政策に協力した知識人や企業家、そして、軍人、警察、官僚等として働いていた人々は、反逆者、親日派、戦犯、姦商などと非難された。一度「親日派」というレッテルを貼られれば、被選挙権及び選挙権を剝奪されかねないほどに激しい反発がそこにあった。

この時から、「親日派」だと名指しし批判を繰り広げるという方法は、誰かを攻撃するための有効な手段の一つとして認識されていた。この手法が、最も効果を発揮するのは「選挙戦」においてである。私の子供時代を思い起こしてみても、選挙戦といえば必ずと言っていいほどに、対立候補を攻撃しようと、共産主義者を意味する「アカ」という呼称と共に、「親日派」という呼称がそこかしこで飛び交っていた。

ここで一つ興味深いのは、時間の経過によって、近年では「アカ」という表現、そしてそれを攻撃手段として利用することは時代錯誤であり、マッカーシズム的なアカ狩りであるという批判を受けるようになっているにもかかわらず、「親日派」という攻撃手段は終戦から七十年近くたった今も、現役で十分すぎるほどの効力を発揮し続けているという点だ。

日本社会の常識に照らし合わせてみれば「日本統治期に、成人として社会に出ていた人々の大部分がすでに鬼籍に入った今、そんな攻撃が有効なのだろうか？」と、疑問に感じることだろう。しかし韓国は〈連座制〉、つまり誰かが罪を犯したなら、その家族や周辺の人々にも罪を認め、償わせなければならないという認識が強く残る国だ。

したがって、日本統治期には生まれていなかったとしても、「親日派の子供」、「親日派の孫」という攻撃には正当性が認められ、十分な効果を発揮するのである。

それゆえに、今でも選挙戦が始まると、どこかで必ず「〇〇の父親は親日派だ」などといった声が聞こえてくる。二〇一二年十二月に行われた大統領選挙の候補者討論会に参加した統合進歩党《トンハプジンボダン》の代表が、与党候補であった朴槿惠《パククネ》の父、朴正熙《パクチョンヒ》が満州軍の将校出身である点を引き合いに出し、生放送のTVで「親日派であり独裁者の後裔である朴槿惠《パククネ》候補」、「高木正雄（朴正熙《パクチョンヒ》の日本名）」などと攻撃したことは、その好例であろう。

選挙戦のように特定人物を批判する必要が生じると、モンスターの飼い主たちは、韓国人の心の中で眠っていた「モンスター」を叩き起こして回る。「アイツは親日派だ」、「あの発言は親日的だ」などと、指差してみせるだけでいい。すると、モンスターが勝手に相手に吠えかかり、やがて襲いかかる。そして、モンスターの〈狩り〉の様子をながめる群衆たちは歓声を上げ、拍手を送りながら応援する。モンスターが疲れ果てて攻撃を止めたなら、モンスターが最も好むエサ、つまり、他の反日素材を投げ与えればいい。より刺激的なシーンが目撃できるに違いないと群衆は期待するだろう。

怪物《ケムル》の無慈悲な攻撃を受け、相手が再起不能に陥った姿を見た〈飼い主〉たちは、政敵の政策、言動を批判する「正攻法」より、過去の姿や連座制を引き合いにしてモンスターを刺激する「裏技」がより効果的であることに気付いた。そして、彼らはいつでも「気に入らないもの」を見つけたなら躊躇なくモンスターを召喚するようになった。

## モンスターの成長と育てた人々

「反日」という素材を投げ与えさえすればいつでも、飛び出してくる反日モンスターを育てる役割を果たしたのは〈政治家たち〉、〈学校〉、そして〈マスコミ〉である。

政治家たちは、与党であれ野党であれ「親日派批判」をし、「日本のせい」だと声高に叫ぶことで、自分たちの利己的な目的を達成してきた。

例えば一九六五年、朴正熙《パクチョンヒ》政権が、与党として日韓国交樹立を積極的に推し進めていると、野党は「日本に頭を下げる屈辱的外交だ」とし、政府を「親日政府」、「売国政府」だと罵った。結果、野党の望みどおり、全国で大規模デモが勃発した。事態を収拾するために、戒厳令が敷かれるほどの大混乱を起こすことに成功したのである。

だが、政府のやり方も、これに負けないくらい積極的だった。一九七三年、ＫＣＩＡ（大韓民国中央情報部）が東京で金大中《キムデジュン》拉致事件を起こすと、日本国内からの批判のみならず、韓国内の野党からも、さらには国際社会全体からも非難を受け、韓国政府は四面楚歌状態に陥った。ここでＫＣＩＡは〈反日感情〉を利用し、この難局を打開したのである。

ＫＣＩＡの後身である国家情報院が二〇〇七年に公開した内部資料を見ると、当時、ＫＣＩＡが韓国内のマスコミを統制し、反日集会を企画していたことが明記されている。誰が見ても問題は韓国側にあったはずの事件ですら、日本を批判してのけたのである。金大中《キムデジュン》事件を巡る日本の韓国批判が不当であると強調した報道を集中的に行うようマスコミを誘導し、親政府性向の独立運動家とその子孫などで構成される抗日独立運動団体や日本各地の在日同胞を利用し、日本商品不買運動や糾弾集会を行ったのだ。[注1]

誰の目にも「逆ギレ」だと映るであろう行為なのだが、「日本」というキーワードさえ入っていれば理性的、あるいは客観的思考がストップするのが韓国である。これを「逆ギレ」ではないかと指摘できる人はいなかった。

これと同じような事態が、金大中事件のわずか一年後にも起こった。一九七四年、大統領夫人、陸英修《ユクヨンス》（朴槿惠《パククネ》の母）が、在日韓国人、文世光《ムンセグァン》に暗殺されるという事件のときである。

慎ましく謙虚な人柄で、国民から広く尊敬されていた陸英修《ユクヨンス》大統領夫人が殺された事態に対する国民の憤りは、並大抵のものではなかった。そして「在日韓国人」が「韓国」で起こしたこの犯罪において、国民の怒りが向かったのは、またもや「日本」であった。

「風が吹けば桶屋が儲かる」式の発想であるが、その理由はこうだ。犯人が使った拳銃が、日本の交番で紛失したものであり、また日本国内にいると推定される共犯者についての捜査協力に日本が消極的だというのだ。日本に対する憤懣にかられたソウル市内の高校生や、独立有功者およびその子孫で構成されている親政府性向の「光復会《クァンボクフェ》」などの団体が、日本大使館前で数日間に亘り日本を糾弾するデモを繰り広げた（もっとも日本側では、「官製デモ」であろうという見解が多数派だったようである）。

金大中《キムデジュン》事件と陸英修《ユクヨンス》大統領夫人暗殺事件、この二つの事件で共通するのは、対日関係においてはどう見ても韓国側に責任がある、あるいは日本側に責任があるとするのが難しい状況であっても、無理やり、日本に責任を押し付けているという点だ。そして、それにより韓国自らの責任は〈しっかり〉うやむやになっているということだ。

このように世間の目を自分自身から逸らすために最適な素材は、やはり「日本」でしかありえない。「日本のせい」にしておけば、根拠や説得力が多少不足していたとしても、韓国人たちは無条件に日本を批判するのだ。このように便利な方法があるのだから、権力者たちはみな、この素材を先を争うように使うのだが、その効果を考えればそれも当然だと言えなくもない。

韓国において対日問題を論じる場合、「韓国批判」はそのまま、「日本擁護」であると受け取られる。そうなると、「背信者」、あるいは「売国奴」扱いを受けることになる。そのため、仮に正当な理由があったとしても、日本を擁護し韓国を批判することは不可能に近いのだ。実際、韓国の大統領が過度に反日的発言を繰り返したり、あるいは行動を起こしたとしても、マスコミや野党からそれを批判する声はほとんど上がらない。

大統領に批判的だったとしても、「反日を叫ぶ大統領」を非難することは、国民の目には「日本の味方」をしているように映るからだ。従って、どんな時でも結局は「日本が悪い」という結論に落ち着かざるを得ないのだ。

この時代、このように政府主導の反日集会や反日煽動は行われていたのだが、それでもまだ、この頃の反日感情は〈モンスター〉と呼ぶようなレベルではなく、〈ペット〉的存在だった。政府が企画主導し、親政府団体が協力する、そして、政府の統制を受けたマスコミがサポートし、あるいは余計な情報は流さない等、十分にコントロールされていたからである。

つまり、政府が呼べばいつでも応えていたし、勝手に群衆に牙をむくことがあったとしても、飼い主がひと声かければおとなしく引き下がっていた。飼い主の〈統制下〉にあったのだ。

## 「反共モンスター」との競争に勝つ

朴正煕《パクチョンヒ》がクーデターにより政権を握った一九六一年から、大統領の直接選挙制度を勝ち取り民主化が成し遂げられた一九八七年まで、韓国の「学校」という組織は、学問を教える場所であるのと同時に、政府の政策を宣伝し、政府の望む人材を育てるための機関であった。つまり、国家のプロパガンダを幼い学生たちの頭にインプットする役割を担っていた。そして、そのプロパガンダの中心にあったのが「反共」、そして「反日」であった。

とはいえ当時は、「反日」より「反共」のほうがはるかに重要な課題だった。北朝鮮の共産政権が起こした朝鮮戦争の影響で、社会全体に共産主義に対する嫌悪が染みついているところへ、軍人出身の大統領による執政という条件が重なっていたためである。

北朝鮮および金日成《キムイルソン》を非難、糾弾する「お絵かき大会」や「作文大会」が年中行事として開かれ、教科書にも北朝鮮は「悪の帝国」であるかのように描写されていた。そして共産主義者を指す「빨갱이《パルゲンイ》」、日本語でいうところの「アカ」と指差されることは、死刑宣告を受けるにも等しいような事態だった。

一度「アカ」だとレッテルを貼られたら、社会からの冷たい視線にさらされるのみならず、時には逮捕され苛酷な待遇を受け、自分のみならず家族までもが就職において敬遠されるなど、社会において不当に低い待遇を受けることになった。「反共」という名のモンスターが猛威を振るっていたのだ。

この時期の社会に充満していた「反共」に比べれば、「反日」はまだまだ、穏やかと言える水準だった。日本は韓国に害を与えた加害者であったというだけで、共産主義者のように「倒さなければならない敵」でも「敵愾心をぶつける相手」でもなかったからだ。

ところが、一九八七年以降に進んだ民主化は、韓国社会に大きな変化をもたらした。出版、マスコミに対する検閲、統制が解除され、北朝鮮や東欧圏の書籍が紹介、出版されるようになった。これに伴い、過度な反共性向は一気に消えて行った。長い間、出版禁止となっていたマルクスの『資本論』が出版できるようになったのもこの時期（一九九〇年）だ。

以後、反共性向の発言や意見は、時代遅れの言いがかりであるかのように受け取られるようになり、学校でもマスコミ報道でも、誰かを「共産主義者」と攻撃することは非道徳的で、非民主主義的な行為であると非難を受けるようにまでなった。

冷戦の終結、韓国の民主化の進行により、朝鮮戦争休戦後、長い間、韓国社会に恐怖の存在として君臨していた「反共モンスター」は〈剝製〉として博物館に送られることになった。こうして空いた「反共モンスター」の席を埋めることになったのが、当時はまだ「ペット」に過ぎなかった「反日モンスター」である。

韓国の「マスコミ」は終戦以降、常々、反日感情を素材とした刺激的な報道を行ってきた。その批判の対象は〈親日派〉だけではなく、社会のありとあらゆるものだった。流行りの歌が「倭色《ウェセク》」、つまり日本風だという理由で、食堂のメニューに書かれている料理名が「日本語《イルボノ》」だという理由で、映画の原作が日本の小説だという理由で、日本の歌を聴いたというだけの理由で、あるいは、釜山《プサン》などの日本に近い地域の住民が日本のTV番組を楽しんでいるという理由で、国民たちを叱咤し目を覚ませと、啓蒙して回ったのだ。

まるで、日本の文化や慣習を楽しむことが「親日派」の証であるとでもいうように。

韓国マスコミが、韓国内の対象者に対して批判する際の主な口実が「親日派」である一方、日本を批判する際の口実としては、「妄言《マンオン》」あるいは「卑下《ビハ》」という名分を多用する。日本の政治家や有名人が韓国と関連する発言をしたとき、それに対して「妄言だ」あるいは、「韓国を卑下した」などと報道するのである。それだけで、いとも容易く国民の怒りを呼び起こすことができる。

国民はマスコミが「妄言」あるいは「卑下」とレッテルを貼りさえすれば、日本側の主張は聞

京　郷　新　聞　　1990년4월27일 금요일

倭色TV文化 접시型안테나타고 "무차별 안방오염"

「新 電波전쟁」

京郷新聞

【「倭色TV文化が衛星アンテナに乗り“無差別にお茶の間を汚染”『新電波戦争』」1990.4.27　京郷新聞（日本文化を楽しむことに対して叱咤する内容の新聞記事）】

きもせずに（マスコミが、事実通りに報道するケースも少ないが）日本批判をはじめる。マスコミが望む方向へと向かうのである。彼らにとって重要なのは、それが真実かどうかではなく、「日本が韓国をバカにした」ということだけだ。実際に報道された内容の中には、後日、事実ではなかったことが明らかになったことも少なくないが、一般的な国民の大部分は、それが誤報だったという事実すら知らないまま過ごしてしまうことのほうが多い。韓国マスコミが訂正報道を嫌うためだ。

残念に思うのは、民主化以前（一九八七年以前）のマスコミが行ってきた反日煽動は政府の意図、つまり政府の「圧力と強制」によるものだったのだが、民主化されてから後はマスコミが反日煽動を「自発的」に行っているという点である。

もしかするとこれは、軍事政権時代に政権により行われていた「反日煽動」の効果を目の当たりにし、その手法を学んだマスコミが、自由になった今は自らのために利用しているのかもしれない。

終戦後、現在に至るまでの韓国の新聞を詳しく見直していくと、あちらこちらにモンスターの出現を確認できるとともに、ある「変化」があるのを目撃することになる。

過去のモンスターの活動の多くは、選挙などにおいて特定の対象者を批判することで〈間接〉的な利益を得ることに利用されていた。つまり他の人を攻撃し、相手のイメージを悪くすることで、相対的に自分のイメージが良くなるという利益が発生していたのである。

ところが、いつからか反日行為をすることで〈直接〉、売名効果、金銭的な利益を得られるようになった。これによりモンスターの活動範囲は格段に広がり、利用しようと考える人の数も種類も増加したのである。

怪物《ケムル》は順調に成長を続け、ますます奔放に振る舞うようになった。

## 大統領すらもご機嫌を窺う

軍事政権時代に比べればかなり分散したものの、それでも韓国という国では、大統領の権力は強大で広範囲にわたる。そのため、官僚も司法も政治家たちも、大統領の顔色を窺いながら仕事をしているとしか思えないような不祥事が度々ニュースになる。

ところが、そんな大統領すらご機嫌を窺いながら行動しなければならないのが、「反日モンスター」である。モンスターの気分を害することがあれば、大統領といえども激しい非難にさらされることになるからだ。

大統領が、モンスターのご機嫌を窺っていることがよくわかる例を一つ挙げよう。

二〇〇五年一月十三日、青瓦台《チョンワデ》（韓国の大統領官邸）で開かれた、年頭記者会見での出来事である。当時、執権していた盧武鉉《ノムヒョン》大統領は、日本の天皇について言及するとき、外交上の公式呼称である「天皇《チョンファン》」という表現を使うことも、通常韓国のマスコミが使用している「日王《イルワン》」という表現を使うこともできず、非常に中途半端な物言いをした。日本人記者から「天皇の訪韓推進計画があるのか？」という質問を受けたときのことだ。

「日本では天皇と呼びますよね。これは世界的に、普遍的にそう呼ばれている呼称なのか、私、まだ確認ができていないんです。ですので、私が日本の王と言うべきか、日本の天皇と言うべきか、この部分がまだ準備できていません」

このように、はっきりしない態度に終始したのだ。

現在、韓国ではほとんどのマスコミが、天皇を指す時「日王」という韓国製の言葉を使っている。そして、政治家などの著名人が「天皇」という用語を公式の席で使ったならば、それだけで激しい叱責を受けることになる。実際、公式には「天皇」という呼称を使うと明言した金大中《キムデジュン》政権は、反対派から大々的な批判を受けた。ごく最近では二〇一二年に、ある歴史教科書の「日本の国王」という記述について、「日本の天皇」という記述に変えるように求めた国史編纂委員会がマスコミからの批判にさらされた。

しかし、外交ルートで公式に話をするときには通常「天皇」という用語を継続して使っている。盧《ノ》武《ム》鉉《ヒョン》の場合も、日本の記者から直接質問を受けたという状況下で、「日王」という表現を使用すべきではないと判断したのだろう。そうかといって韓国中にテレビで生放送されている前で「天皇」という用語を使ったら、自身に批判が集中するであろうことをよく知っていたがために、先に紹介したような、回りくどい〈前置き〉を述べたのだ。

強大な権力をにぎる韓国の大統領が、外交プロトコル通りに公式用語を使うことさえも躊躇せざるを得ないほどに恐ろしいのが、対日問題において国民の反感を買うこと、つまり、モンスターの攻撃を受けることなのだ。

## 飼い主に噛み付くモンスター

二〇〇〇年代に入るとさらに新しい傾向が見られるようになった。それまでモンスターを利用してライバルや政敵を攻撃していた人々が、逆にモンスターの攻撃を受けるようになるという現象が発生し始めたのだ。

二〇〇〇年代は、左派性向の盧武鉉《ノムヒョン》政権が、「親日派」を大々的に断罪し、非難していた時期だ。だが、終戦後五十数年が過ぎた時期である。そんな時期に、親日派論争が起きたということ自体が、そもそも不自然な現象ではなかっただろうか。

親日派を断罪するタイミングは、その前にも数十年間あったはずだ。同じ左派性向である、直前の金大中《キムデジュン》政権時代にすら、そこまで激しい親日派論争は起きていなかったのに盧武鉉《ノムヒョン》政権になって、唐突に盛り上がったのだ。

当時人気急上昇中だった朴槿恵《パククネ》が狙われていたのである。朴槿恵《パククネ》の父、朴正熙《パクチョンヒ》を満州軍官学校と日本の陸軍士官学校で学んだ親日派と決めつければ、朴槿恵《パククネ》を「親日派の娘」と攻撃することが可能になるからだ。

朴槿恵《パククネ》と対立する立場にいるマスコミや政党は、毎日のように親日派の罪悪とそれを処罰しなければいけない理由を宣伝し、親日派に対する嫌悪感を煽った。しかし、この事件は予想もしない結末を迎えた。朴槿恵《パククネ》を攻撃していた側の政治家たちの先祖が日本統治時代に憲兵や特務警察であったことが報じられ、風向きが百八十度変わったのだ。親日派攻撃を煽っていた人たちが逆に親日派の子孫という理由で攻撃され、政治家として致命傷を受けたのである（これについては第2章「政治編」で詳しく述べる）。

公正な目で見れば、親の行動や経歴をもって数十年も後にその子供を批判するというのは合理的ではないし、卑怯な行動だ。しかし、そんな非常識な批判方法や理屈が通るようにし、それを広めたのは、他でもない彼ら（飼い主）自身である。自らがその方法で政敵を批判し、国民を先導してきた以上、その矛先が自分に向いたとしても、それを不当であると声高に叫ぶことなどできるはずがない。彼らはただただ激しい批判を受け続けることしかできなかった。

今やモンスターは、〈エサの匂い〉を感じたならば、相手が飼い主であれ、飼い主の敵であれ、お構いなしに牙をむく怪物《ケムル》になってしまった。そして人々は、自分からモンスターを呼び込むような匂いがたたないように細心の注意を払って行動しなければならなくなった。

ある人は〈愛国〉という名の香水をふりかけることで、ある人はモンスターが好みそうなエサを探してモンスターに与えることで、注意をそらそうとする。しかし、これらはモンスターを利用するためにとる行動ではなく、モンスターの攻撃の矛先が自分に向かないようにするための保身策だ。監視の目を光らせているマスコミより怖く、権力者さえも機嫌を窺わなければならないのが、モンスターなのである。

## モンスター・バスターズが登場

韓国国内でも二十一世紀に入って一層高まった反日ムードの危険性に気づいた人々がいる。そしてその中の一部は警鐘を鳴らし、状況に何とか対処しなければと立ち上がった。モンスター・バスターズである。

韓国社会に広まってしまった日本に関連する「常識」の中には、実は事実ではないものがあること、あるいは都市伝説のようなものが存在することを指摘し、理性より感情で日本を語り、怒りを爆発させる韓国社会の傾向について憂慮し、批判する学者や作家たちだ。

ソウル大学校経済学科教授の李栄薫《イヨンフン》、世宗《セジョン》大学校日語日文学科教授の朴裕河《パクユハ》、全南《チョンナム》大学校日語日文科教授（当時）の水野俊平、作家の卜鉅一《ポクコイル》らがその代表である。韓国社会の中で生きる人々が彼らの主張に耳を傾けることができるなら、韓国の反日感情は少しは薄れていくだろう。だが、彼らの主張に耳を傾けることを妨害する存在がいる。モンスターである。韓国社会の「常識」と相反する彼らの主張が、自分にとって致命的な結果を招きかねないことを、モンスター自身がはっきりと認知している証拠であろう。

モンスターとモンスター・バスターズの戦いが始まった。

（この顛末に関しては、第6章「反日モンスターは封印できるか」で詳しく述べる）

ここまで、日本のTV局とのインタビューの時に表現しきれなかった「モンスター」という言葉に込めた意味を述べてきた。韓国の法令や理性よりも上位にある「国民感情」の反映であり、為政者たちによって誘導された「反日感情」ともいえる「モンスター」の発達過程、そして、韓国社会における反日感情の特徴と危険性について、イメージをつかんでもらえたのではないかと思う。

次章からは、この怪物《ケムル》が実際にこれまでに起こしたさまざまな事件を取り上げて、その性質について、より詳細に検証していく。

注1　국가정보원（二〇〇七）『과거와 대화,미래의 성찰V』／国家情報院（二〇〇七）『過去との対話、未来の省察V』

# 第2章　政治編——モンスターには大統領すら怯える

## ロッテホテル自衛隊行事拒否事件

二〇一四年七月十一日、ソウル中心部に位置するロッテホテルでは、在韓国日本大使館が主催する自衛隊創設六十周年の記念行事が予定されていた。しかし、開催二日前にあたる九日、突然、韓国マスコミによるバッシングが始まった。自衛隊創設記念行事を何故ソウルの真ん中で行うのかというのだ。

このニュースはインターネットを介し瞬く間に広がり、非難の矛先はやがて開催予定地であったロッテホテルへ向けられた。これに慌てたロッテホテルは翌十日、開催前日になって、ドタキャンを決めた。

ドタキャン通告に慌てた日本大使館はロッテホテルに抗議したが、国民感情に恐れをなしたロッテホテルは、開催不可と契約を破棄することを伝えるばかりだった。

この出来事は、韓国においては「契約」という社会的な約束事よりも、可変的で、即興的な「国民感情」が優先されることを証明する一例である。

この一件を、単純な韓国の反日感情による嫌がらせ騒動と認識している人もいるかもしれない。だが実は、この事件の裏側にある事情は、根深く複雑だ。

まず、この事件が起きた原因から考えてみたい。何故、このような事件が起こったのか。

この「ドタキャン事件」により、〈被害〉を受けた韓国人がいる。セヌリ党の羅卿瑗《ナギョンウォン》国会議員である。羅卿瑗《ナギョンウォン》は、事件当時、国会議員職から離れていたものの、判事出身の美人政治家として世間に知られており、朴槿恵《パククネ》大統領からも信頼を置かれている人物でもあった。

そもそも事の始まりは、「ドタキャン事件」のちょうど十年前にあった。二〇〇四年六月、自衛隊創設五十周年の記念行事が、韓国を代表する特級ホテルの内の一つである新羅ホテルで開催された。この時、日本大使館は、記念式典に韓国の与野党議員や韓国駐在の外交官たちを多数招待した。

実は、この時、招待を受けた中に羅卿瑗《ナギョンウォン》が含まれていた。当時、一般人にはほとんど知られていなかったこの行事を利用して彼女を攻撃しようとしたのは、左翼反日性向の強い集団、挺《ジョン》対《デ》協《ヒョップ》（韓国挺身隊問題対策協議会）だった。

元慰安婦のお婆さんたちを連れて現れた挺《ジョン》対《デ》協《ヒョップ》は、新羅ホテルの前に陣取り、羅卿瑗《ナギョンウォン》等、国会議員たちが到着するたびに、横断幕やプラカードを掲げ「自衛隊は帝国主義侵略の亡霊」、「記念式は謝罪と反省の席に（すべきだ）」などと叫び、奇襲攻撃のようなデモを行ったのだ。突然登場したデモ隊と、記者たちのカメラに慌てた羅議員は、行事会場に入ることなく、その場を後にした。だが「自衛隊の行事に出席した議員」というレッテルを貼られ、その後、何かにつけては蒸し返され、攻撃を受けるようになったのだ。

そして、十年が経った二〇一四年七月、開催直前というタイミングを見計らうかのような不自然な唐突さで、自衛隊行事が話題に上った。これにはもちろん理由がある。

この報道の三週間後、七月三十日に補欠選挙が控えていたのである。そして、この補欠選挙における与党の「顔」として、羅卿瑗《ナギョンウォン》が出馬していたのだ。

羅卿瑗《ナギョンウォン》は、二〇一四年の自衛隊行事とは一切関係がない。だが、韓国マスコミは、ロッテホテルの一件を報道するにあたり、十年前の騒動と、羅卿瑗《ナギョンウォン》とを結び付け、繰り返し報道したのだ。

「(十年前の自衛隊)行事には、羅卿瑗《ナギョンウォン》前議員等の政治家が出席したが、その後、出席の適不適について政治的論争が起きた」(2014.7.11　ハンギョレ新聞)、「二〇〇四年六月、自衛隊創設五十周年記念行事に出席していた、当時ハンナラ党の金錫俊《キムソクジュン》、羅卿瑗《ナギョンウォン》、宋永仙《ソンヨンソン》、安明玉《アンミョンオク》議員や、開かれた《ヨルリン》ウリ党の申仲植《シンジュンシク》議員は、この問題で、しばらくの間、窮地に追いやられた」(2014.7.10　世界日報)など、ロッテホテルの一件とは無関係な羅卿瑗《ナギョンウォン》に言及し、その記憶を呼び覚ましたのだ。

これが、選挙を意識した政治的攻勢だったということは、野党の反応を見ても窺い知ることができる。行事が予定されていた七月十一日、第一野党の副報道官は、自衛隊の記念行事を韓国で開くことについて非難したのち、「セヌリ党の羅卿瑗《ナギョンウォン》銅雀乙《ドンジャクウル》地区代表候補も、今日は自衛隊創設六十周年記念行事には出席しないほうがいい」と、とんでもないコメントを発表したのだ。

繰り返しになるが、羅卿瑗《ナギョンウォン》は、この日の行事には出席する予定すらなかったのである。このような野党のコメントについては、韓国マスコミも「事実上、羅卿瑗《ナギョンウォン》議員に向けた攻勢であろう」（2014.7.11　時事フォーカス）と認めながら、支持率で大きく後れを取っている野党による、羅卿瑗《ナギョンウォン》叩きが加速すると予測した。

整理すると、二〇一四年のロッテホテルドタキャン事件とそれに関する報道は、韓国内の反日感情が偶然に起こしたトラブルなどではなく、政治的目的のために、ある勢力が反日感情を利用しようと煽動した事件だったということである。

羅卿瑗《ナギョンウォン》の対抗勢力が、「日本」と「自衛隊」というエサをちらつかせ、モンスターが羅卿《ナギョン》瑗《ウォン》に襲い掛かるように仕向けたのだ。

だが、自衛隊行事を妨害したことで、モンスターは満足してしまったのだろうか？　選挙結果について言えば、モンスターは期待通りには動いてくれなかった。（魔女狩《マニョサニャン》りのような事態には陥らず）羅卿瑗《ナギョンウォン》は、野党候補を押しのけ、当選した。

しかし、モンスターを政治的攻撃に利用するという目的が達せられなかったことは、本当にラッキーだ。与党にとって、という意味ではない。モンスターが政治的に利用される頻度がこれ以上増えることを防げたからである。

## 友好国の行事への参加は問題か？

この事件に関連して、もう一つ思うところがある。日本を含む、友好国の行事に参加するのはいけないことか、ということだ。友好国の記念行事へ招待されたなら、関心がない内容だったとしても、自分が出向かないにしろ、代理人を送るなどして祝辞を述べるのが礼儀ではないだろうか。

過去、例えば冷戦時代には、世界は東西陣営に分かれ、反対陣営が開催するオリンピックをボイコットしたというケースもあった。だが冷戦はとうの昔に終わっているし、韓国と日本は政治的、外交的摩擦はあるにしても、経済、文化等の民間交流などで関係を築き上げてきた間柄だ(そもそも、「友好国」であって「反対陣営」などではないはずだ)。自衛隊記念行事に対する韓国の過敏な反応は、どう見ても正常な反応とは思えない。

マスコミや一部政治家たちが主張するように、自衛隊が「帝国主義侵略の亡霊」ならば、韓国は何故、自衛隊に韓国軍の幹部を留学させ、何故、自衛隊の幹部を韓国軍の行事に招待するというのだろう。ずいぶん前から韓国軍は、友好国として自衛隊と多種多様な相互交流を行ってきた。そして、それを非難する人もいなかった。

それが、二〇〇四年に突然問題視されたのである。これは、自衛隊という存在に問題があったのではなく、自衛隊行事に出席する人を狙った攻撃に過ぎないということだ。

一九八九年一月七日の昭和天皇の死去を受けて、日本大使館は弔問所を設けた。一月九日までの二日間、駐韓外交官、駐韓日本企業の幹部たちなど、数百名が弔問に訪れた。弔問客の中には韓国人も二百名以上含まれていたという。友好国の指導者、偉人、王室や皇室などに慶弔事があったのなら、最低限の礼を尽くすことは当然のことだ。

当時の大統領、盧泰愚《ノテウ》も秘書室長を通じてではあったが、弔花を贈り弔意を表したし、国会議長や国務総理も弔問所を訪れた。ところで、この時日本大使館は、大統領秘書室長や外務部長官等の韓国政府の公式弔問客を除いて、一般弔問客のリストは公開しなかった。「プライバシー侵害にあたる可能性を考慮した」という理由であった。

これについて、当時の新聞は「創氏改名を強要し、男たちは徴用、女たちは挺身隊に引き立て、戦争をみずから仕掛けた張本人ヒロヒト。（中略）ヒロヒトの弔問所を訪れ、彼の死に哀悼の意を示す韓国人がいったい誰だったのか、彼らは何を考えているのか。日本大使館がプライバシー侵害を危惧までしてくれるこの方々は、忍び足で訪れ静かに焼香を済ませ、小雨を避けるように、高級車両で素早く姿を消した」(1989.1.12　ハンギョレ新聞)と、「弔問客」＝「親日派」であるかのように表現した。

日本大使館がリストを非公開としたのは、「プライバシー侵害」を危惧したのではなく、このような発想に基づいた「親日派狩り」が起こりかねないことを予想しての措置だったのかもしれないとさえ思えてくる。

ところで、この時、弔問客の中に、ある有名人がいた。当時、野党平和民主党総裁で、後日大統領となった金大中《キムデジュン》である。韓国の日刊紙は、彼が弔問所を訪れ、天皇の遺影に一礼している写真を掲載した。

ところが、リストさえ明らかになれば、すぐにでも吊るし上げてやると言わんばかりの勢いで記事を書いていたハンギョレ新聞が、金大中《キムデジュン》の弔問については、全くもって無反応だった。理由は一つしかない。ハンギョレ新聞は金大中《キムデジュン》と政治的に同じ性向、つまり〈左派進歩陣営〉に属しているためだ(逆に、右派陣営は、今もこの弔問を理由に、金大中《キムデジュン》を「親日派」と批判している)。

だが金大中《キムデジュン》の弔問は、彼の民主党総裁という立場を考えれば、十分に理解できるものであり、礼儀に則した行動だ。本来、批判されなければならないような行動ではない。

しかし韓国社会特有の「日本」という色眼鏡をかけてみれば、そのような行動でさえ、親日的行為に映るのだ。しかもそれは、弔問した人はすべて親日派だとでもいうように息巻いていた媒体でさえ、その人が同じ陣営に属していれば、なんの批判もしないという矛盾を含んでいる。

結局、これについても「ドタキャン事件」と同じことが言えるのだ。「親日」かどうかの問題は建て前に過ぎず、その本音は政敵への攻撃であり、韓国内の政治問題なのである。


ここで、もう一度「ドタキャン事件」の話に戻ろう。二〇〇四年の自衛隊記念行事に姿を現した議員には、与党議員も野党議員もいた。しかし、十年経った二〇一四年の事件で非難を受けることになったのは、補欠選挙を控えていた羅卿瑗《ナギョンウォン》ただ一人だけだったのだ。この事実も、「自衛隊」あるいは「親日」が批判の原因ではないことを物語っているではないか。

百歩譲って、日韓間の〈過去〉を考慮して出席するのは良くないことだとしてみよう。だが、そうだとすれば、説明のつかない一件がある。自衛隊記念行事がドタキャンされてからわずか二週間後に同じロッテホテルで、中国人民解放軍建軍記念行事が開かれたのだ。

中国軍は、朝鮮戦争時（一九五〇～一九五三　現在休戦中）、韓国軍と血闘を繰り広げた「敵」だったのだ。この時、中国軍の死傷者は三十四万余名（死亡十三万五千名、負傷二十万八千名）、韓国軍の死傷者は約八十六万名（死亡十四万九千名、負傷七十一万名）という莫大な数の犠牲者を出している（参考までに、太平洋戦争のとき志願、あるいは徴兵によって日本軍として戦争に参加し、死亡した朝鮮人は二万名余りだ）。つまり、中国との歴史を考えたときにも「傷」は存在するのである。しかも、死傷者数を考えればその「傷」はより深く、より新しい。

にもかかわらず、ロッテホテルは、自衛隊の記念行事だけをキャンセルし、中国軍の記念行事は予定通り開催を認めた。典型的なダブルスタンダードを以て対応したのだ。これは、ホテルという企業体もまた、国民の「反日感情」を恐れていることを示すだけではなく、「中国」を恐れる最近の韓国の雰囲気をも反映した事件だったのである。

もちろん、習近平国家主席が七月の頭に韓国を公式訪問していたという点も、影響を与えていたかもしれないし、よく言われる「この数年間、韓国は日本から距離を置いていた分、中国に近づいた」ということの表れだったのかもしれない。

だが中国であろうと日本であろうと、現在、国交を結んでいる国家の行事に出席することは、非難を受けなければならないような行動ではない。このことは、ロッテホテルのみならず、韓国マスコミや韓国政府もよく知っているはずだ。

それでも、当たり前のことを当たり前に行うことすら躊躇せざるを得ない雰囲気が韓国社会にあることもまた現実だ。結局、政治家も企業も「国民感情」の支持を得るためにはダブルスタンダードや矛盾などを気にしているわけにはいかないのである。

## 「親日反民族真相糾明法」の逆転劇

二〇〇〇年代以降、韓国政治界において、コメディーとしか思えないような形勢逆転劇があった。韓国インターネット上では、「劇的な逆転ドラマ」というキーワードで、今なお、笑いのネタにされている事件である。このドラマは、「反日」を利用しようとした人々が、むしろ「反日」の犠牲者になった、という代表例である。

事件の発端は、二〇〇四年三月の盧武鉉《ノムヒョン》韓国大統領弾劾訴追事件だ。まず、それは新千年民主党（以下、民主党）の候補として大統領に当選した盧武鉉《ノムヒョン》の親衛グループが、「開かれた《ヨルリン》ウリ党」を創党し、母体であった民主党から離脱したことから始まった。これにより少数派に転落した民主党は、第一野党であったハンナラ党（現・与党セヌリ党）と連携し、盧武鉉《ノムヒョン》大統領に対する弾劾案を三月九日提出、十二日に可決したのだ。

ところが、史上初の大統領弾劾が、国民の反感を買った。総選挙を一ヵ月後に控え、盧武鉉《ノムヒョン》親衛グループである開かれた《ヨルリン》ウリ党の支持率は50％近くまで急上昇した。一方で、弾劾を推進したハンナラ党の支持率は19％まで急落し、ほんの少し前まで〈与党〉であった民主党に至っては、わずかに一桁の支持率にまで転落したのだ。

| 党名 | 選挙前 | 選挙結果 | 議席変化 |
|---|---|---|---|
| 開かれたウリ党 | 49 | 152 | ＋103 |
| ハンナラ党 | 137 | 121 | －16 |
| 新千年民主党 | 61 | 9 | －52 |

〈2004年　第17代　国会議員総選挙　主要３党の結果（議席数）
dongA.com　2014.4.16から〉

四月十五日に予定されている選挙では、盧武鉉《ノムヒョン》親衛グループである開かれた《ヨルリン》ウリ党の圧勝、ハンナラ党、民主党の惨敗が予測された。ハンナラ党は、党代表が辞任し雰囲気を一新しようと試みたが、支持率低下の傾向は変わらず、創党以来最大の危機に直面していた。

ここで代表に就任し、ハンナラ党の危機を救ったのが、朴槿恵《パククネ》である。党代表に就任後、彼女は「初心に返る」ことをスローガンに、ハンナラ党の豪華な党舎を捨て、テント党舎で選挙を指揮した。これが国民に支持され、選挙の結果、開かれた《ヨルリン》ウリ党の百五十二議席に次ぐ百二十一議席を確保した。

惜しくも院内第二党に留まったが、支持率20%以下という、絶体絶命の危機に瀕していたハンナラ党を、大勝利と言ってもいいような結果に導いたのは、間違いなく朴槿恵《パククネ》である。この時、彼女につけられた称号が「選挙の女王」。同時に、彼女は強力な次期大統領候補として浮上した。

そしてまた同時に、なんとか過半数は確保したものの、二百議席を得ての圧勝となるだろうという当初の予測からは程遠い議席数に甘んじることになった開かれたウリ《ヨルリン》党にとって、朴槿惠《パククネ》は最大の政敵として認識されるようになった。

## 「親日派清算」は「朴槿惠攻撃」

選挙が終わってから約一ヵ月が過ぎた五月十九日。開かれたウリ《ヨルリン》党の議長に就任した辛基南《シンギナム》は、党の力を結集し「親日反民族行為真相糾明特別法」を改定すると抱負を語った。選挙前の三月に国会を通過したばかりの「親日反民族行為真相糾明特別法」を強化する、つまり、「親日派」の選定範囲をより拡大しようというのであった。

その中でも、最も大きな論点となったのが、旧日本軍出身者に対する基準である。既存の法律によると、親日派と規定される軍人は中佐階級以上だったのだが、これを、初級将校である「少尉」まで拡大しようという唐突な提案がなされたのだ。これが朴槿惠《パククネ》の父親である朴正熙《パクチョンヒ》を標的にしているのは誰の目にも明らかだった。

朴正熙《パクチョンヒ》は、満州軍官学校出身、日本の陸軍士官学校に留学した経験を持つ将校で、終戦時の階級は中尉であった。当初の法律に従えば、親日派という基準からは外れる。だが改定案の基準に従えば、親日派と認定されるのだ。

韓国は、祖先が親日派ならその子孫も親日派だと批判を受ける社会である。つまり、朴正熙《パクチョンヒ》が親日派名簿に登録されたなら、当然、娘の朴槿惠《パククネ》も批判されることになるというのは、誰の目にも明らかな流れだったのだ。

開かれた《ヨルリン》ウリ党の動きに、左派市民団体が次々と加勢した。『親日派人名辞典』を作っていた「民族問題研究所《ミンジョクムンジェヨングソ》」、韓国の代表的左派労働団体である「民主労総《ミンジュノチョン》（全国民主労働組合総連盟）」、韓国版日教組というべき「全教組《ジョンギョジョ》（全国教職員労働組合）」、親北反米性向の「統一連帯《トンイルヨンデ》（6・15南北共同宣言実現と韓半島の平和のための統一連帯）」、米国産牛肉輸入反対運動や済州《チェジュ》海軍基地建設反対運動を主導した「参与連帯《チャミョヨンデ》」等、反日性向の強い団体ばかりではなく、親北反米路線の団体まで、韓国の左派を代表する面々である。

これらの団体と、開かれた《ヨルリン》ウリ党の金希宣《キムヒソン》議員らは、「親日反民族行為真相糾明市民連帯《チニルバンミンジョクヘンイジンサンギュミョンシミンヨンデ》」を組織し、大々的な法改定運動を展開した。開かれた《ヨルリン》ウリ党の金希宣《キムヒソン》とは、独立運動家の後裔を自称し、「反日」の象徴的な存在として活躍していた女性議員である。

この頃の韓国マスコミの多くは、日本や親日派についての否定的な記事を〈量産〉し、「親日反民族行為真相糾明特別法」の改定に反対するハンナラ党の朴槿惠《パククネ》を圧迫していた。それも手伝って国民は、法改正に消極的なハンナラ党、そして朴槿惠《パククネ》まで「親日派をかばう存在」と見るようになった。

　十分に高まった反日ムード、そして、明確な攻撃対象（ハンナラ党朴槿惠《パククネ》）。反日モンスターが暴れる舞台は整った。あとは、幕が上がるのを待つばかりだ……だが、始まったのは予想を覆す、逆転ドラマだった。


　五月に改正案が持ち上がってからまだ間もない二〇〇四年七月、韓国の一部マスコミに、開《ヨ》かれた《ルリン》ウリ党議長、辛基南《シンギナム》の父親が終戦後、韓国警察の高位職についていたというスクープが掲載された。それは、日本統治期に日本の警察官か軍人であった可能性があるという疑惑に言及したものである。

　だが、辛議長は、「父は終戦後警察官になった」と疑惑を否定し、誤報であるし名誉毀損であると、一蹴した。しかし、韓国マスコミは総力を挙げて調査に着手し、間もなく否定しようのない証拠を次々と発表した。生存者たちの証言や、辛議長の父が教師職を捨てて憲兵に志願した証拠が次々と出てきたのだ。

「月刊新東亜」二〇〇四年九月号が辛議長の父が憲兵伍長だったことを報じると、これが決定打となった。党の看板であり、党の重鎮である辛基南《シンギナム》の父親が憲兵伍長だったという事実は、開《ヨ》かれた《ルリン》ウリ党が醸成していた、まさにその反日モードによって救い難い大打撃となった。辛議長は勿論のこと、開かれたウリ党《ヨルリン》もまた、ハンナラ党と朴槿恵《パククネ》を苦境に追いやっていた、その反日モードの犠牲となったのだ。

辛議長は、報道から一ヵ月ほどで父親が憲兵だったことを認め、議長を辞任した。彼が負った傷は深く、癒えることのない傷となった。党の議長まで務めた重鎮が、二〇〇八年の総選挙で落選の憂き目にあったのである。

「逆転ドラマ」は続いた。独立運動家の娘を自称し、韓国内の左派市民団体と連携、「親日反民族行為真相糾明特別法」改定に最も積極的に動いていた女性議員、金希宣《キムヒソン》。彼女の父が実は、独立運動家ではなく、独立運動家を摘発する満州国警察特務として勤務していたというスクープ記事が飛び出したのだ。

中国に残っていた公文書に照会し、中国公安の確認書までもあわせて掲載した記事が報道されると、彼女を親日派の子孫と批判する声が広がり、彼女と開かれたウリ党《ヨルリン》はパニック状態に陥った。金希宣《キムヒソン》は記者会見を開き、報道内容について涙を流しながら釈明したが、既に離れていった民心を取り戻すことはできず、以後は、政治家としての存在感を示すこともなく、数年後には静かに政界を去ることになった。

続いて、同党の李美卿《イミギョン》議員の父親も憲兵だったということが明らかにされると、開かれた《ヨルリン》ウリ党のイメージは地に落ちた。

韓国において、日本軍憲兵は陸海軍よりもはるかにイメージが悪い。憲兵といえば韓国国民の間では、親日派の代表のようなものとして認識されている。そういう状況の下、親日派清算を主張していた党の議員の中に、憲兵の息子や娘がいたことが次々と明らかになったのである。これはもうコメディーとしか言いようがない。

追い打ちをかけるように、盧武鉉《ノムヒョン》政権の青瓦台《チョンワデ》首席秘書官のうちの一人である趙己淑《チョギスク》の曾祖父が、教科書にも登場する朝鮮末期の代表的な悪質官吏であり、祖父は朝鮮総督府機関誌の記者だったということが明らかになると、国民たちの怒りはハンナラ党の朴槿惠《パククネ》ではなく、開かれた《ヨルリン》ウリ党へ向けられた。完全な逆転が起こったのである。

ここへきて、開かれた《ヨルリン》ウリ党内から、「親日糾明は系譜を開くようなやり方で進めてはだめだ」（李美卿《イミギョン》）、「顔も見たことがない曾祖父まで広げて、私に悪いイメージを植え付けるような考え方は悲しい」（趙己淑《チョギスク》）などといった、親日糾明を別の目的のために使うのは良くないという声が上がり始めた。しかし、それらは、これまでハンナラ党や朴槿惠《パククネ》が主張してきた意見に「宗旨替え」したと言うべき内容であった。

開《ヨ》かれた《ルリン》ウリ党は、「朴槿恵《パククネ》代表が、心からそう望むなら、朴正熙《パクチョンヒ》大統領は（親日）調査対象から外すこともできる」と、事実上の妥協案を提示した。だが、朴槿恵《パククネ》は、「全面戦争を行うこともできる」と、強い姿勢を示した。

結局、開《ヨ》かれた《ルリン》ウリ党は、「親日という呼称を使うと、日本との外交関係に不要な誤解が起きるかもしれない」と、「親日《チニル》」という言葉を削除するなど、事実上白旗を上げることになった。

この一連の事件により、開《ヨ》かれた《ルリン》ウリ党は党の議長が辞任し、親日派批判の先陣を切っていた議員が逆に親日派の後裔だと報道され、倫理的な非難を受けることになった。また親日派疑惑について、言い訳ばかりを続ける党の態度に国民は失望し、さらに妥協に次ぐ妥協の果てに法改定案を引っ込めたことについては、長い間、後ろ指を指され、今もなお物笑いの種となって語り継がれている。

この事件が教えてくれる重要な教訓は、モンスターを利用する側に属していたとしても、少しでもモンスターを刺激する要素（この事件において言えば「親日派の子孫」という要素）を持っていたら、モンスターによる攻撃を受ける可能性があるということだ。この事件において、開《ヨ》かれた《ルリン》ウリ党の被害が、当初の攻撃目標であった朴槿恵《パククネ》が蒙った被害よりも遥かに大きかったことも特筆すべきであろう。

## 二〇一三年の「総理閣下」論争

二〇一三年十一月二十九日、東京で日韓議員連盟の合同総会が開かれた。この時、日韓議員連盟の会長として出席していたセヌリ党の黄祐呂《ファンウヨ》は開会式において韓国語で祝辞を述べたのだが、安倍総理に言及するときに「安倍晋三総理閣下《アベシンジョチョンリカカ》」という表現を使用した。これについて、翌日、論争が始まった。野党である民主党が「妄言」だと、猛烈な勢いで非難を始めたのである。

「閣下」という言葉は、韓国においては軍事政権時代、大統領に対して使用されていた言葉であり、権威的であるというイメージが強い。そのため軍事政権が終わり、民主化が進んだ九〇年代の半ば以降には使われることがなくなった言葉だ。そんな言葉を、外国、しかも韓国とは関係の良くない日本の総理に対し使ったというのは屈辱的行為で、日本人の前で尻尾を振る行為であるかのように映ったのである。

しかし、外交上のプロトコルというのがある。国家間において相手国の元首に呼びかける時は、国同士が親しいとか、親しくないだとか、そういったことには関係なく、外交的な〈慣例〉に従って呼ぶのが普通である。それは礼儀ともいえるし、マナーである。それを無視して感情に従って呼んだとしたなら、国際的な笑いものになるだろう。

セヌリ党は、これは外交的な慣例の一つであり、問題になるようなものではないと反論した。だが、民主党は「極右的な発言をする安倍総理に『閣下』という呼称を使うとは、本当に嘆かわしい」として、「これが、今の朴槿恵《パククネ》政権とセヌリ党の外交の実態」であると、黄代表だけではなく、朴槿恵《パククネ》政権までも同列に非難した。

実のところ、この論争は「語彙」の問題ではない。言葉選択が不適切だという指摘は反日的要素を楯に取った、いわゆる「建て前」に過ぎず、その本音は「政敵に対する攻撃」にある。どうにかして、与党や政権を批判したいという本音が見え見えの攻撃で、論理的でもなければ、当然、説得力のかけらもない。

この騒動を、単に政敵を攻撃するための反日であると断言する理由は、そこに、見ているこちらが恥ずかしくなるほどの「ダブルスタンダード」が存在するからだ。

この時の民主党は、盧武鉉《ノムヒョン》の親衛グループともいえる開かれた《ヨルリン》ウリ党と統合し、故・盧武鉉《ノムヒョン》元大統領を精神的な支柱として集まっている党であった。ところが、そんな民主党が〈尊敬する〉盧武鉉《ノムヒョン》元大統領もまた、公の席上で「閣下」という言葉を使ったことがあるのだ。

黄祐呂《ファンウヨ》氏の発言に韓国マスコミは「A級戦犯で逮捕された岸信介の孫である安倍に、どうしたら『閣下』などという言葉を使うことができるのか」と批判した（正確には、岸はA級戦犯〈容疑〉で逮捕され、後に不起訴となったが、韓国ではよくこのように誤解を助長する表現を多用し安倍政権への反感を煽っている）が、二〇〇六年、第一期安倍内閣の時、韓国を訪問した安倍総理に、盧大統領は「尊敬する安倍晋三総理大臣閣下」という公の席で用いる呼称を使って呼びかけていたのである。

しかし当時、それに対し民主党も民主党寄りの韓国マスコミも、全く非難をしなかった。それでも、今回の黄祐呂《ファンウヨ》氏への非難が「不適切な語彙を用いたから」だと言えるだろうか？はっきり言って、この騒動は、「閣下」という呼称や、「安倍晋三」という政治家が問題だったわけではない。「盧武鉉《ノムヒョン》」であるか「黄祐呂《ファンウヨ》」であるかが問題だったのである。

黄祐呂《ファンウヨ》発言を巡る韓国の騒動を見た、多くの日本人は、韓国内の反日感情に驚き、心配したことだろう。だが、この実態も「日本」とは全く関係のない、韓国内の「党争い」だったのだ。

## 国民の反日感情を恐れた大統領

本書の第1章でも触れたが、盧元大統領は、二〇〇五年一月の年頭記者会見で「（天皇という呼称が）これは世界的に、普遍的にそう呼ばれている呼称なのか、私、まだ確認ができていないんです。ですので、私が、日本の王と言うべきか、日本の天皇と言うべきか、この部分がまだ準備できていません」と、天皇の呼称について、はっきりした表現を避けたことがある。

これについて、もう少し解説を加えると、この時の盧武鉉《ノムヒョン》の「世界的に、普遍的に使われている呼称かどうか、確認ができていない」という言い訳には疑義を唱えざるを得ない。

何故ならば、この記者会見からさかのぼること一年半、二〇〇三年六月六日に日本を訪問した際に開かれた晩餐会の席で、盧武鉉《ノムヒョン》大統領は二回も「天皇陛下」という言葉を使っていたのだ。このことは、大統領の声明、発言等をまとめた政府の公式記録の中でも確認することができる。それを彼は、二年にも満たない間に忘れてしまったのだろうか？

日本人の前では、公の呼称である「天皇陛下」という言葉を、ごく自然に使っておきながら、韓国では国民の視線を恐れるあまり「天皇」という言葉すら使えずに、「どう呼んだらいいのか分からない」などと〈演技〉をしなければならないのが、韓国の最高権力者であるはずの「大統領」の現実だ。

盧武鉉《ノムヒョン》は、歴代大統領の中でも最も歯に衣着せぬ発言で、率直にものをいうことから、「信念の政治家」と呼ばれた人だ。それが故に、たまに問題発言、失言もあり、批判を浴びることもあったが、その正直な姿が人気の理由でもあった。

そんな盧武鉉《ノムヒョン》でさえ、このように曖昧に言葉を濁すほどに怯える何かが存在するのだ。それは、左派と右派、あるいは進歩と保守の垣根を越えた、「親日」の匂いさえすれば無条件に噛みつく国民感情、即ち反日モンスターという存在である。

大統領さえもご機嫌を窺わなければならないような雰囲気なのだから、マスコミが沈黙することにも理解を示すべきなのかもしれない。マスコミも歴代大統領たちや、官僚が公の席上で「天皇陛下」や「総理大臣閣下」という言葉を使ってきたことは知っているはずであるのに、それについては沈黙し、今、騒がれている問題についてのみ、国民に同調するかのように煽り立てることもやむをえないのだろうか。

しかし、これは非常に残念な状況だと思う。「天皇」や「閣下」という言葉に対し、ヒステリックに反応している国民たちに、それは、慣例としてこれまでも当然に用いられてきた表現であり、国際社会に於ける儀礼に準じた物言いであることを伝えるのがマスコミの役割ではないだろうか。それが、国内外における不要な争いの根を絶つための方法ではないだろうか。

だが、学者もマスコミも、大統領や官僚と同様、正しい情報を伝える努力をすることよりも、国民のご機嫌を窺い、損ねないために、ダブルスタンダードを設けることで、身を守ることだけに精いっぱいだ。

韓国の新聞のコラムやインタビューにおいて、日韓問題の専門家として登場する学者たちのコメントを見ると、大部分が「天皇《チョンファン》」という言葉の代わりに「日王《イルワン》」という言葉を使う。日本についてよく知っている学者であれば、「天皇」というのが公式呼称だということくらいは知っているはずであり、一九八〇年代までは、韓国のほぼ全てのマスコミも「天皇」という単語を使っていた。それでも現在、彼らは「天皇」という単語を使うことを躊躇する。自分も攻撃対象になる可能性があることを熟知しているからだ。

面白いのは、そんな学者たちの過去の論文を見ると、往々にして「天皇」という言葉を使っているということだ。このような〈乖離〉を生み出す原因の一つは、明らかに学者たち自身の責任であるが、学者たちにとっても反日モンスターの存在が既に、ご機嫌を窺わざるを得ない恐怖の対象になってしまっているということではないだろうか？

ただし、この〈乖離〉の原因について、もう一つ別の可能性が考えられる。学者たちは原稿やインタビューにおいて「天皇」という言葉を使っているのだが、マスコミの校正過程において「日王」に置き換えられている可能性である。韓国マスコミの大部分は、現在「日王」という言葉を公式に使用している。そのため、外部からの寄稿者による記事についても、読者に違和感を抱かせないようにするため、新聞社内部の規定に基づき、修正している可能性もある、ということである。ただ、それだとしても、学者たちの〈黙認〉の下に成り立っている結果であることには変わりない。

大統領、知識人、マスコミ……結局皆が、事実上、モンスターの支配下にいるということである。

## 朝鮮統治期を称賛すれば処罰

二〇一三年九月九日、ソウルの汝矣島《ヨイド》にある国会議員会館のセミナー室で、ある討論会が開催された。討論会の名前は「日本帝国主義の植民統治および侵略戦争否定に対する処罰討論会」。これは、民主党国会議員、洪翼杓《ホンイクピョウ》が主催したもので、洪議員は討論会を主催した理由を、次のように述べている。

「日本の支配もしくは親日反民族行為を称賛したり、抗日闘争行為を批判する行為、および独立運動家や日本軍慰安婦、被害者の名誉を傷つける表現がインターネットや放送などを通して拡散している。これは、大韓民国臨時政府の法統を継承している憲法の精神に適合しないことのみならず、社会的統合を阻害し、歴史的事実を歪曲する行為であるから、適切な処罰を通し、これらを正す必要がある」（2013.9.10　オーマイニュース）

この討論会は、日本の朝鮮統治に対し、肯定的に捉え描写したり、独立運動家や日本軍慰安婦の名誉を棄損するようなことがあった場合、処罰すべきかということについて議論するものであった。出席者は、洪議員の後援会長および親日派人名辞典編纂委員会、親日反民族行為真相糾明委員会で活動した人物等、韓国を代表する左派反日陣営である。

討論会では、「表現の自由の侵害」を憂慮する慎重論と「『表現の自由』が社会的通念や常識、そして民族の全体性を棄損する行為までを容認すべきではないため、民族的合意の枠の中で法的制裁が必要だ」という推進論が出た。だが、日本の朝鮮統治について、共通の認識を持つようにしなければならないという点については、どこからも異論は出なかった。

彼らの望む共通認識とは、「地獄のようだった日本の朝鮮統治、そして、独立運動家と慰安婦に対しては、どのような猜疑心も抱いてはならない」というものである。

## 喜楽はなく、怒哀だけが存在する

韓国では、三十五年間に及んだ日本統治期を地獄のような時代であったと認識し、そう教えている。

しかし、本当に地獄のような時代だったのだろうか？　人間の生きる世界であれば、どんな時代にも喜怒哀楽が存在する。日本統治期の朝鮮も例外ではありえない。二等国民としての悔しさや敗北感はあっただろうし、戦争末期には物資難があり、生活への干渉も高まり、統制が強化され、辛い思いも不愉快な出来事もたくさんあったに違いない。だが、一般の国民の生活の中には、楽しいことや嬉しいこともあったはずだ。それらを完全に否定して怒・哀のみを強調して語ることだけを認め、喜・楽については表現することを禁じ、処罰するというのは、全体主義的な発想以外の何物でもない。

人物について評価する場合も同じだと思う。人間には誰にでも、光と影の両面がある。どんな英雄、偉人であれ、欠点のない人などいないし、世間の目には酷い悪人であっても、家族にとってはいい父親だったかもしれない。

人物に対する批判の論拠が「嘘」や「誤り」であったなら、それは法の力を借りて、名誉毀損だと訴えればいい。だが、「事実」に基づく批判までも全て封殺するというのは、学問や法律を尊重する人がやることではない。

日本統治期に青年期、壮年期を過ごした人々の回顧録を振り返ってみると、ソウル市内の映画館でアメリカ映画を見てデートを楽しんだという記録もあるし、無一文で日本に渡ったが、ついには数百人もの従業員を抱えた株式会社を設立するほどに大きな成功を収めたという人もいるし、帝国大学の学生だった人の中には「女給」がいるカフェに遊びに行っては酒を飲むのに明け暮れていたという人もいた。

もちろん、みなが彼らのようであったわけではない。好運に恵まれ、選ばれたごく少数の人々であったかもしれない。しかし中には「良いこと」もあったと話すだけでも「日帝時代を称賛した」、「親日的発想」と、まるで国賊でも発見したかのような批判が始まるのが現在の韓国だ。そして、このような極端な発想がどれほどまでに危険なのかを示す端的な例が、ソウルのある公園で起きた殺人事件である。

二〇一三年五月、ソウル市内のある公園で九十五歳の老人が撲殺された。「日本統治は良かった」と話していたのが事件の発端だという。犯人は三十八歳の男性。

日本統治期に青少年期を過ごした老人と、教科書や伝聞だけで日本統治期を知っている男性。果たしてどちらのほうがその時代のことをよく分かっていただろうか？　仮に、その老人が「選ばれたごく少数の人々」の中の一人だったとしても、一人の人間の経験を全否定する根拠や資格が、その時代を経験すらしていない人間にあるだろうか？

「日本帝国主義の植民統治および侵略戦争否定に対する処罰討論会」が開かれてから一年ほど過ぎた二〇一四年八月。洪議員他十二名の国会議員が、具体的法案を作り、国会に発議した。その内容は大きく分けて次の二つ。一、「日本統治期」を称賛してはならない。二、「独立運動家と慰安婦、被害者」を悪く言ってはならない。

以下は、法案からの抜粋である。

> 第5条（歴史歪曲行為）　次の各号の行為を行った者（個人または団体を含む）は3年以下

の懲役または3000万ウォン以下の罰金に処する。
1．日本の1910年から1945年8月15日までの帝国主義侵略戦争や戦争犯罪を称賛するか正当化する内容で、歴史的事実を捏造し流布する行為
2．日帝強占期下における日本帝国主義の支配あるいは「日帝強占下反民族行為真相糾明に関する特別法」第2条の親日反民族行為を称賛したり正当化する内容に、歴史的事実をねつ造し流布する行為
3．日本帝国主義の国権侵奪に反対したり独立運動のために日本帝国主義に抵抗する行為を批判したりそれと関連する歴史的事実を捏造し流布する行為
4．「放送通信網利用推進および情報保護等に関する法律」第2条第1号の情報通信網（以下「情報通信網」とする）を利用する第1号から第3号までの行為

第6条（殉国先烈等に対する名誉毀損）　公然と虚偽事実を摘示し、次の各号のどれか一つに該当する人の名誉を毀損した者（個人または団体を含む）は5年以下の懲役または5000万ウォン以下の罰金に処する。情報通信網を利用し、同じ罪を犯した人も同様。
1．「独立有功者礼遇に関する法律」第4条の殉国烈士・愛国志士
2．「日帝下日本軍慰安婦被害者に対する生活安定支援および記念事業等に関する法律」第

2条第1号の日本軍慰安婦被害者
3.「対日抗戦期強制動員被害調査および国外強制動員犠牲者等支援に関する特別法」第2条第2号の被害者

「日本帝国主義の植民統治および侵略戦争などを否定する個人もしくは団体の処罰などに関する法律案」（議案番号1911399）2014.8.14発議

万が一、この法律が成立し施行されたなら、「日本統治は良かった」と話して公園で殴り殺された九十五歳の老人も、生きていたなら三年以下の懲役あるいは3000万ウォン以下の罰金を求刑されることになっていたかもしれないということだ（ちなみに、彼を殴り殺した犯人は懲役五年の刑に処せられた）。

また独立運動家や慰安婦、強制動員被害者の悪口を言ったなら、これよりもっと重い、五年以下の懲役あるいは5000万ウォン以下の罰金に処せられるという。それを思えば『親日派のための弁明』という著書の中で独立運動家の金九《キムグ》や柳寛順《ユガンスン》を卑下《ビハ》したという理由で、二〇〇五年に起訴され二〇一一年に罰金750万ウォンが確定した作家、金完燮《キムワンソプ》への処分は、あるいはごく軽いものであったのかもしれない。

この法案の発議に対し、反対したり批判する記事はほとんど出なかった。韓国社会の既存の常識を守り、疑ってはいけないという「愛国的な法案」に対して反対しては、親日派を擁護したと批判を受ける可能性があるためだ。

だが、このような法案が仮に通過したとして、一番得をするのは誰だろうか？　法案を発議し、新聞やテレビ放送で名前を知られるようになった政治家だろうか？　あるいは、神聖な存在であるべき独立運動家や元慰安婦？　私の考えでは、一番得をするのは圧倒的に反日モンスターに他ならない。日本統治期の独立運動家、慰安婦についての新説が登場し、これまで信じられていた事実が揺らぐことは、反日モンスターにとって居場所を奪われる可能性のある、非常に不愉快な事態である。この可能性が消えることは、モンスターにとっては安泰が保障されることに等しいのである。

法はモンスターを守り、モンスターは法に反対しようとする動きがあれば即座にその動きに襲い掛かることで法を守る。このような連係プレーの恐ろしいところは、モンスターに対しそれを指示している誰かがいるわけではなく、すでにそれが社会の「暗黙のルール」、あるいは「空気」として発動しているところだ。

ただし、現実にこの法案が通過する可能性は低いのではないかと私は思っている。このような法案が通過すれば、国際社会において批判を受け失笑を買うであろうことは、韓国の政治家たちも良く分かっているからだ。

だが、実際に法が制定されなかったとしても、このような発議がなされたことは、それだけで国内の多くの学者や評論家などの知識人たちに、大きな脅威となったであろうことは疑いようのない事実だ。

## 死者の威を借る「参拝政治」

最近、韓国において、政治家たちが写真を撮るために訪問する人気スポットがある。そこは、独立運動家の墓地だ。いつからか、選挙への出馬宣言などにおける、自身の断固たる決意を示すための象徴としての行動が、独立運動家の墓地参拝になったのだ。

例えば、二〇一二年、大統領選挙を二ヵ月後に控えた十月二十六日、第一野党の候補文在寅《ムンジェイン》はソウル孝昌洞《ヒョチャンドン》にある独立運動家金九《キムグ》の墓地を参拝した。これは明らかに、世論調査で優位に立っていた与党候補を意識した行動である。何故ならば十月二十六日はその与党候補、朴槿恵《パククネ》の父、朴正熙《パクチョンヒ》の命日であり、同じ日に彼女は国立墓地にある朴正熙《パクチョンヒ》の墓地を参拝することになっていたからである。

朴正熙《パクチョンヒ》は、韓国にとって功と過があった人物である。韓国の右派からは、韓国を貧困から救い、経済成長を成し遂げたと、高い評価を受ける一方で、野党や左派からは、親日派であり自由と民主主義を圧迫した独裁者だと認識されている。

一方、金九《キムグ》は韓国で最も反日的性向の強い独立運動家として知られている人物だ。つまり、同じ日に朴槿恵《パククネ》は親日派と批判を受ける朴正熙《パクチョンヒ》の墓地を参拝し、文在寅《ムンジェイン》は韓国で最も反日的人物として敬われている金九《キムグ》の墓地を参拝したのだ。

朴槿恵《パククネ》は父の墓地を参拝した後、「父の時代に心に傷を負ったり、被害を受けた方々には、改めてお詫びいたします」と、父の犯した誤ちについて詫び、文在寅《ムンジェイン》は「歴史を自分に都合のいいように合理化しようとする態度は、未来に続く道ではない」と、与党セヌリ党の朴槿恵《パククネ》候補に向け、謝罪と反省を求めた。

朴槿恵《パククネ》の墓地参拝は右派にとっては問題のない行動であったが、反日感情の強い韓国の中道、及び左派にとっては、マイナス評価となる行動であった。ライバルである文在寅《ムンジェイン》が、抗日運動の象徴である金九《キムグ》の墓地を参拝したことに比較されれば、その差はなおさら大きく映るだろう。

マスコミは、二人の行動を「参拝政治《チャンベジョンチ》」と表現し、文在寅《ムンジェイン》が金九《キムグ》の墓地を参拝したことについて「抗日を印象付けた」と評した。

余談ではあるが、金九《キムグ》の墓地といえば、二〇〇九年十一月に民間研究所である民族問題研究所が、韓国において大きな論争を巻き起こした『親日派人名辞典』の発刊に際し、辞典を携え、一番に報告に行った場所でもある。これが、韓国における金九《キムグ》の墓地参拝の持つ意味合いである。

さらに、韓国における金九《キムグ》の位置づけについて説明を加えるならば、彼は韓国において左派、右派を問わずに、無条件に参拝され、彼への批判はほとんどタブーとなっている。韓国において公に、金九《キムグ》について批判的な意見を述べた人物は『親日派のための弁明』を書いた金完燮《キムワンソプ》と、大げさに書き換えられた「金九《キムグ》神話」について検証、批判した『金九聴聞会』（二〇一四　マジックハウス）という本を書いた金尚久《キムサング》くらいである。

つまり、金九《キムグ》の墓地を参拝することは、どんな勢力からも非難を受けることはなく、確実に支持される最高のパフォーマンスということだ。

このような〈参拝〉による、愛国心と歴史意識のアピールは、文在寅《ムンジェイン》以降にも受け継がれた。現代《ヒョンデ》財閥一家出身で、FIFA副会長まで務めた著名政治家鄭夢準《チョンモンジュン》は、二〇一四年三月二日、ソウル市長選挙出馬宣言を、ソウルの南山《ナムサン》にある白凡金九《ペクポムキムグ》記念館前にある、金九《キムグ》の銅像の前で行った。彼は保守与党セヌリ党の候補であったが、彼の反対勢力もこのことで彼を批判することはできなかった。金九《キムグ》とは、そういう存在なのである。

ちなみに、進歩左派からの人気が高い政治家であっても、親日派だと非難を受けている人の墓を参拝したならば、批判を受けることになるのは必至である。クリーンなイメージの人物として、二〇一一年頃から新たに政治界に登場し、左派陣営からも人気が高かった企業家出身の安《アン》哲秀《チョルス》が二〇一四年一月一日、朴正熙《パクチョンヒ》の墓所を参拝した時に、「朴正熙《パクチョンヒ》ではなく金九《キムグ》の墓所を参拝すべきだった」（2014.1.2　オーマイニュース）と、非難の声が上がったのが良い例である。

## 「反日素材」とパフォーマンス

ここまで見てきたように、「反日」素材を利用した政治家たちのパフォーマンスの例は、一つや二つではない。「独島訪問《ドクトバンムン》」もその代表的な例だと言える。二〇一一年、鬱陵島《ウルルンド》を訪問しようとしていた新藤義孝他自民党議員が、韓国入国許可を受けられずに、そのまま日本に戻るという事件が起きた。

同じ日、韓国与党の重鎮であり、特任長官である李在五《イジェオ》は、ヘリコプターで独島を訪問し、日本を批判するという「パフォーマンス」をして見せた。これについては、左派媒体であるプレシアンが「くだらないショーはやめろ」（2011.8.1　プレシアン）と、李長官の行動を批判したが、この批判もまた真摯な「反日パフォーマンスに対する警告」であるとは言い難い。何故ならば、この媒体と政治性向が一致する民主党の最高委員たちが二〇一三年八月十三日に独島を訪問した時には、それを「ショー」だと批判することはなかったからである。

繰り返しになるが、参拝も、独島訪問も、国民の支持率を高めるための行動であって、敵陣営の行動は「くだらないショー」となり、味方陣営の行動であれば全く問題のない行動となるのだ。結局、このような反日パフォーマンスもまた「日本」よりも「国内政治」を意識したものだということである。

このような矛盾した反応が、最も顕著に表れたのが二〇一二年八月十日の李明博《イミョンバク》大統領による独島訪問だ。この時、民主党代表の李海瓚《イヘチャン》は、李大統領の独島訪問について、「成熟した民主主義国家の指導者であれば避けるべき、非常に悪い統治行為」だと非難した。だが、わずか一年前の二〇一一年七月には、同じ党に所属する国会独島領土守護対策特別委員会の文學振《ムンハクジン》委員は次のように述べ、大統領の独島訪問を求めていたのである。

「静かな外交、それも必要な時には良いが、私がさきほどお話ししたように強力な対応をして見せねばならない時には、そうしなければならないんです。我々の大統領が、国家元首が、独島に行くべきです。我々が何度も話しましたが、政府がそれを踏まえて、真剣に悩んだり検討したりする様子が見られません。残念です」（2011.7.18　CBSラジオインタビュー）

大統領が独島を訪問する前には「独島を訪問せよ」と要求していた同じ野党が、実際に大統領が独島を訪問したら「悪い統治行為」と批判したのだ。これもまた、一見、反日素材に見える独島という素材が、「日本との外交問題」ではなく「政敵攻撃のための素材」に過ぎない、ということを示している事例の一つだ。

日本を取り巻く問題を語るとき、このような矛盾が見られるのは、政治家に限った話ではない。

二〇一三年十月二十七日、韓国プロ野球のチャンピオンシップにあたる「韓国シリーズ」第三戦が行われた。この日、朴槿恵《パククネ》が野球場を訪れ、始球式を行った。大統領が国内スポーツを盛り上げるために競技場を訪れることは、歴代政権の中でもしばしばみられることだ。

問題は、始球式が終わった後に起こった。始球式の様子をマスコミが報道すると、インターネット上で「なんで日本ブランドの『アシックス』のシューズを履いているんだ？」という批判が沸き起こったのである。この話題は当初、左派、そして反朴槿恵《パククネ》性向の強いインターネットコミュニティから始まったのだが、そこではアシックスが、日本〈右翼〉企業ということになっていた。

だが、これもまた、反日のためのダブルスタンダードに過ぎなかった。左派で高い人気を誇る朴元淳《パクウォンスン》現ソウル市長や、金大中《キムデジュン》元大統領も、過去に全く同じように「アシックス」のシューズを履いて始球式に参加したり、運動したりする姿が報道されていたからである。もちろん、その時にはそれを指摘する人など一人もいなかった。

そして、この騒動もまた後になって、朴市長や金大中《キムデジュン》元大統領が同じことをしていたと伝わると、あっという間に沈静化した。だがもしそれらの前例がなかったなら、朴槿恵《パククネ》は長く「日本ブランドを使った大統領」だと責められ続けることになっていただろう。

最初に朴槿恵《パククネ》を批判していた人々は「次からは、秘書たちは韓国製のシューズを準備しろ」という程度の警告を発して引き下がったが、それでもおそらく今後は、大統領だけでなくほかの政治家たちも、シューズひとつ選ぶのにも神経を尖らせなくてはならないはずだ。今回の一件は、たとえシューズひとつといえども、十分に「日本右翼の味方」という批判を受ける要素になりうるということを証明してしまったからだ。


政治家や、国民の持つダブルスタンダードや、「親日」と呼ばれることに怯える様子を詳しく見ていくと、彼らの本当の関心が日本、親日派、独島、日本ブランドにあるとは思われないことが多い。それらは目標のための手段に過ぎないのではないか？

ここに挙げてきた事例は、権力者である政治家たちでさえ反日の空気を読まなければならない韓国の現実を、最も顕著に表している事例である。

# 第3章　社会編——モンスターが〈反日無罪〉を可能にする

## 殺人と暴力で「英雄」になる社会

韓国は法治主義、そして自由民主主義を標榜する国家である。しかし、外部に対し「標榜」することと、実際に内部で起こっていることや社会構成員たちが示す姿が、必ずしもその言葉の意味するところに一致するとは限らない。

最もわかりやすい例を挙げると、世界最高水準の独裁国家である北朝鮮も外部に対しては、「民主主義国家」を標榜している。それは、国家の正式名称にその言葉を入れているところからも明らかである（正式名称：朝鮮民主主義人民共和国）。だが、それはあくまでも「北朝鮮式民主主義」であって、国際社会で共通している「民主主義」とは価値観が違う。

これを踏まえると、韓国がいう法治主義や自由民主主義の意味が国際社会のいうそれと、どの程度一致しているのかも、一考の余地があるだろう。

もちろん韓国には法が存在する。だが、国民は「法」よりも「感情」による対応を望んでいる、あるいはそれによって処理されているように見受けられるケースも多い。つまり、韓国は法治主義国家ではあるものの、国民は法治主義ではなく、「韓国式法治主義」を好み、支持しているのだ。この、韓国式法治主義を支配しているともいえる要素が「国民感情」である。

一九九六年、仁川《インチョン》のあるアパートで八十歳になる老人が殺された。彼の名前は安斗熙《アンドゥヒ》。終戦後、韓国軍将校として服務していた彼についての韓国社会の認識は「金九《キムグ》殺人犯」である。

金九《キムグ》とは一体どんな人物だったのか。

亡命政府の役割をしていた上海臨時政府の主席を務めた人物であり、韓国で最も尊敬されている抗日運動家であり、また初代大統領候補として名前が挙がっていた人物だ。

彼が、韓国にとっていかに偉大な抗日運動家であったか。一九三二年一月に昭和天皇暗殺未遂事件（桜田門事件）を起こした朝鮮人を送り込んだのが金九《キムグ》である、といえば分かりやすいだろうか？　この他にも一九三二年四月、天長節記念式典に彼の部下を送り込み、関東軍の高官たちが集まっていた壇上に爆弾を投げつけさせ、上海派遣軍司令官らを殺害した上海天長節爆弾事件を起こす等、徹底して武力闘争を展開した。

韓国内外で独立運動を行ってきた人物は、もちろん他にもいる。だが、国際的にも大きな話題となった事件を主導してきた人物であるという点が評価され、終戦後の韓国では彼を「神格化」したといってもいいほどに、祭り上げた。

だが、「神格化」したからと言って、彼が聖人君子だったわけではない。むしろ、彼の恥部ともいえるような過去も存在する。例えば、若い頃に何の理由もなく日本の商人を暴行、殺害し、金を強奪した鵄河浦《チハポ》事件（一八九六）。安重根《アンジュングン》は伊藤博文を暗殺したことで韓国においては英雄視されているが、彼の息子が一九三九年に伊藤博文の息子に会い謝罪したということに憤怒し、安重根《アンジュングン》の息子を殺そうとした事件。ほかに終戦後の混乱期に韓国内で起きた、金九《キムグ》反対派の暗殺事件において、裏で指示を出した人物と目され、調査を受けていた一件などだ。

ところで韓国は、一度、国民的英雄として認定すれば、その人の名声を傷つけるような言動を極度に嫌うという傾向がある。仮りに適切な指摘であったにしろ、英雄に対してマイナスの発言をすれば、「英雄を侮蔑した」、「誹謗中傷だ」と、逆に批判を受けることになる可能性が高い。そのために、彼の恥部については知っていたとしても沈黙が守られるケースが多い。結果、彼の功績は大々的に宣伝され、国民的英雄として皆が認める一方で、彼の恥部について知っている国民は多くない。多くの国民にとって金九《キムグ》は絶対的な英雄なのだ。

今でも、韓国で新札が発行されるという話が出るたびに、新紙幣の肖像画候補として最初に挙げられるのが彼の名前だ。彼の韓国における人気ぶりが伝わるだろうか。

そんな金九《キムグ》が一九四九年、彼の取り巻きのような存在であった安斗熙《アンドゥヒ》と口論となり、拳銃で射殺された。そして、安斗熙《アンドゥヒ》は「民族《ミンジョク》の反逆者《パニョクジャ》」となったのだ。

安斗熙《アンドゥヒ》が終身刑の宣告を受け服役していたときに、朝鮮戦争が勃発した。韓国軍では、将校が不足していたため、彼は陸軍少尉として復帰することになった。戦争中に残りの刑罰を免除され、戦争が終わると一般人の身分に戻り、それ以降は国民の記憶の中から忘れられていった。

とはいえ、金九《キムグ》を殺した彼に対する社会の視線は冷たく、彼は何十年もの間身分を隠し、世間から隠れるようにして生き続けなければならなかった。それでも、金九《キムグ》の取り巻きたちは執拗に彼を追跡し、暴行を繰り返したのだ。

金九《キムグ》の取り巻きたちが、彼に暴行を加える時の〈名分〉は、「民族の反逆者を処断する」というものだった。彼らは、安斗熙《アンドゥヒ》に対する処罰が軽すぎたと、不満を抱いていたのだ。

戦争という特殊な状況があったにしても、殺人を犯した安斗熙《アンドゥヒ》が受けた処罰は、確かに誰の目にも軽いものだった。だが、そうだとしても、彼がどんなに重い罪を犯していたとしても、裁判所が減刑を認めたのであるから致しかたあるまい。

判決に対しどれだけ不満があったとしても、一般人に彼を暴行する権利はない。そして、もちろん、それを実行したらそれは罪である。裁判所が下した判決が不満だからといって、暴行を加えることは「私的制裁」に当たり、法治主義国家では、絶対に許されてはいけないことである。

もちろん、韓国でも法律上の私的制裁を認めていない。当然、それを実行したら処罰されることになっている。しかし、この安斗熙《アンドゥヒ》への私的制裁に対する韓国の反応は、どう見ても法治主義に基づいた判断だとは思われないようなそれだった。

安斗熙《アンドゥヒ》殺害事件の概要はこうだ。

一九九六年、安斗熙《アンドゥヒ》は、白凡《ペクボム》（金九《キムグ》の号）を尊敬する四十代の男性P氏から暴行を受け死亡した。事件当日、犯人は棍棒とロープを準備したうえで、安斗熙《アンドゥヒ》を訪ね、抵抗する安斗熙《アンドゥヒ》の妻をロープで縛ったのち、八十歳になる老人安斗熙《アンドゥヒ》を力任せに殴り殺した。

事前に凶器を準備しているのだから、明らかな計画殺人であり、重犯罪に該当するはずである。当時のマスコミは、殺人の最小刑量である五年以上の重刑が下されることを予想した。ところが、裁判所の下した判決は、わずか三年の刑だった。しかも、その一年半後には、特赦を受け釈放されたのだ。

これが、妥当な判決で、通常の状況下で、よくある出来事だと言えるだろうか？

安斗熙《アンドゥヒ》を殺害した犯人、P氏に対する韓国社会の反応は、常軌を逸していた。一部のマスコミは、私的制裁として人を殺したP氏を「義人」と持ち上げた。彼に記念楯を贈呈するマスコミまであった。そんなことが「法治国家」で現実に起きたのである。

自分が尊敬する人、愛する家族が誰かに殺されたなら、殺人者に対して復讐したいと思う気持ちを抱いてしまうこと自体は、人間であれば誰にでも起こり得るかもしれない。だが、民主国家、法治国家を標榜する国であれば、個人のそういった行動は断じて認められるべきではない。復讐という名の私的制裁が行われそうになったら自制を促し、それが起こってしまったなら、その非理性的な行動については非難しなければならない。

ところが、韓国の裁判所は形式的な軽い処罰を下しただけで済ませ、マスコミや社会は、私的制裁が行われたことに対し非難したり憂慮するどころか「義人」扱いし、むしろ「よくやった」といわんばかりの雰囲気に満ちていた。

知識人、マスコミ、政府……誰もがこのような雰囲気を傍観し、苦言を呈するようなことはしなかった。何故ならば、「民族の反逆者」を殺害した犯人を非難するような発言は、いくら合理的な主張だったとしても大衆の神経に障り、逆に社会からの制裁を受けるという事態に陥りかねないからである。

安斗熙《アンドゥヒ》が殺害された事件は、一見すると金九《キムグ》に対する狂信的な思いから発生したものであるが、一方では、「反日」が形を変えて起こしたテロだったとも見ることができる。何故ならば、金九《キムグ》を尊敬していたり、彼に追随していたりした人々の大部分は、彼の「反日経歴」ゆえに、彼を敬い慕っているからである。

実際、終戦後の韓国に於ける金九《キムグ》の業績は微々たるものである。金九《キムグ》を追慕する人々は、終戦前の「抗日業績」を評価し、尊敬しているのだ。従って、もし韓国社会に反日の雰囲気がなければ、安斗熙《アンドゥヒ》を殴り殺した犯人を〈義人〉扱いすることはなかったのではないだろうか。

ともあれ、この事例のように、「法」よりも「感情」が先に立つのは、特に反日性向の人々によく見られる傾向である。

同様の例が二〇一〇年七月にも発生した。駐韓日本大使の講演会場で、大使に向けて石を投げた韓国人の男が逮捕された事件である。独島問題について日本大使に抗議文書を渡したいと席から立ち上がった男性が、突然、準備してきた石を大使に向けて投げたのだ。結果としてその石は、大使の隣にいた大使館職員に当たり、怪我を負わせることになった。

幸いなことに大使に怪我はなかったが、外交官にこのように暴力をふるう行為は、先進国や法治国家においては軽蔑されるべき行為である。検察は、重刑は避けられないとして、四年を求刑した。これに対し、裁判所は懲役二年、執行猶予三年という形式的な判決を下した。

もう一つ、二〇一二年七月にも同様の例は発生している。ソウルにある駐韓日本大使館に向かって、韓国人の男がトラックで突進、正門に衝突するという事件である。この男性は、慰安婦問題についての抗議の意思を示したと説明したが、この行為は明らかに外国公館に対する〈テロ〉である。

万が一、日本国内にある韓国大使館に同様の事件が起きたなら、おそらく韓国マスコミ、及び日本国内の左派マスコミは、絶対に容赦しないだろう。「日本の右傾化」という表現を使って、暴力的な方法によって自身の主張を表現する行為を批判するに違いない。

それは、当然のことである。民主主義においてこのような違法な、しかも暴力的な行為は認められてはならない。主張したければ、合法的な手続きをとるべきだ。

ところがこの事件について、マスコミは犯人の行動や認識を批判することをしなかった。ただこのような事件が起こった、ということを伝えるだけで、犯人の行動が乱暴であってはならない野蛮な方法であるということを伝え、再びこんな事件を起こしてはいけないと警鐘を鳴らすマスコミは存在しなかったのである。

しかし、それよりも深刻な問題は、犯人に対する韓国社会の雰囲気だった。犯人を「義人」のようにまつりあげるような雰囲気が生まれていたのである。代表的なのは、韓国の左派マスコミである「ソウルの声《ソウレソリ》」だ。「ソウルの声」は、実際に犯人を「義人」として、彼の行動を「義挙」だと表現する等、民主主義国家では許容されてはならないような、この暴力的行為を正当化したのだ。

この事件は、個人が思い込みで暴走した、〈暴力〉事件であって、外国公館に対するテロだと認識されても不思議ではない事件だ。それにもかかわらず、一部のマスコミは、それを非難するどころか、そんな行動を誘発した日本が悪い、というスタンスで報道した。そして、そのマスコミの雰囲気をそのまま反映したかのように、犯人は執行猶予で釈放され、彼を「義人」とまつりあげた市民たちは、釈放記念祝賀会まで開いたのだ。

興奮した大衆が、時として誤った判断をすることはあるだろう。誤った方向に流れてしまうこともある。マスコミの役割は、そのような誤った流れを正しい方向に戻すことではないだろうか。ところが、韓国マスコミは日本大使や大使館に対するテロ行為について警告することも、韓国社会に充満している憎悪心をなくすために努力することもせずに傍観し、「法」の番人であるはずの裁判所は彼らに免罪符を渡した。

そして、より大きな問題は、このような誤った動きに対し、誰も疑問を持たないということだ。平素には、どのような理由であっても暴力を正当化できるはずがないと主張する知識人も、相手を日本とする暴力に対しては、ただ一言の批判もできずに沈黙するのである。間違ったことを間違っていると言えない雰囲気、これこそがまさに韓国社会の暗黙のルールであり、〈卑怯な〉姿だ。

## 対馬の仏像窃盗犯は義賊か？

二〇一二年、韓国人窃盗団が対馬の寺から、複数の仏像と所蔵品を盗み、韓国に持ち出すという事件が起こった。韓国から短期ビザで日本へ渡った犯人たちは、日本の寺に保管されていた国宝級の文化財として認定を受けている仏像二体を盗み、韓国内で売ろうと保管していたのだが、韓国警察に摘発され事件が世間に知られるところとなった。

統一新羅時代（七〜十世紀）および高麗時代（十〜十四世紀）に作られたと推定されるこの仏像の盗難は、日本でも大きな話題となった。日本の文化財を韓国人窃盗団が盗んだこと自体もそうであるが、韓国側が調査を理由に仏像の即時返還を拒み、時間稼ぎをしているためだ。

韓国側の主張は、これらは統一新羅時代・高麗時代の朝鮮半島で作られたものなので、どういう経緯で日本へ渡ったのかを調査する、というものだ。

二〇〇〇年代に入ってから韓国では、海外にある韓国の文化財を回収しようという運動が広がっている。欧米や日本の博物館に展示されていたり、コレクターが所有している文化財を調査し、それが略奪された文化財だということを強調し、韓国に返してもらおうという事業が推進されている。

対馬の仏像盗難事件についても、韓国には、これらがもし、文禄・慶長の役や日本統治期に略奪等の不正な方法で日本に渡ったものであれば返さなくてもいい、あるいは返す必要はない、といった雰囲気が形成された。そしてついに、ある大学教授が、この仏像は一三七〇年ごろ、倭寇が略奪していったものだという研究結果を学会で発表するに至ったのだ。

だが、この研究結果の大部分は「正常なルートを通って（日本に）渡ったものであれば、日本側に関連記録がないはずがない」、「（仏像が最初保管されていたと推定される高麗のある寺について述べ）海沿いの、小さな村にある小さな寺が対馬の寺と特別な関連（仏像を寄贈したり、贈り物をするような関係）を持つ可能性はほとんどない」といったような、〈推測〉に基づく、〈強引な論理展開〉によって結論付けられたものだった（彼の研究結果から分かることは、仏像が日本に渡った〈経緯〉ではなく、彼自身の行う〈研究のレベル〉だけだったように思える）。

日本に仏像を返還したくないという韓国内の雰囲気に応えるように、韓国政府は、返還を先延ばしにしている。だがこの対応は時間稼ぎに過ぎず、見方によっては日本への嫌がらせだとも取れる。

この仏像が半島で作られたことは、日本側も認めている事実だ。ただそれが、いつ、どんな経緯で対馬に渡ったのかについては、何の記録もない。つまり、日本によって盗まれたという証拠もないということだ。そうであれば、確かに所有していたという公式記録がある元の所有者、つまり対馬の寺に返すのが筋ではないだろうか。

実際、韓国の博物館にも、半島に流入してきた経路が不明な他国の遺物が、数えきれないほど存在する。だからといって、それらをすべて返還しなければならないという主張は無理があるし、韓国国民もそれには同意しないだろう。しかし、そういった合理的、常識的な判断がきちんとできないのが、現在の韓国だ。

何故、韓国政府は仏像を即時返還しないのか？　もし仏像を日本に即時返還したら、政府を批判する勢力が、間違いなく反政府煽動の道具とすることが明らかだからだ。元々、我が国のものであったのに、それを何で返してやらなければいけないのか、という主張が巷に溢れかえり、日本に頭を下げるような屈辱外交だとの政府批判が始まっていたに違いない。そんな、子供のような主張をする人がいるのかと驚かれるかもしれないが、実際、韓国のインターネットには、仏像を日本に返還する必要はないといった意見が溢れかえっていた。

一方、政府の立場からすれば、ある程度時間稼ぎをすることで、政府が日本に対し強く、断固たる態度をとっていることをアピールできる。日本が抗議し気分を害する様子を見て、それを喜ぶ群衆がいる。つまり、日本を怒らせ、気分を悪くさせる〈反日〉という嫌がらせは、国民からの批判を避けるための魔法なのである。

本書を執筆中の本年11月にも長崎県対馬市で再び仏像の盗難事件が発生、韓国人5人が逮捕された。しかし、残念ながら今回も韓国マスコミは、過去にあった（かもしれない）日本の加害性を訴える論調の報道に終始した。例えば朝鮮日報は、「〈愛国的犯行〉と言おうと何と言おうと盗みは盗みだ」と一応は犯人の罪を認めながらも、「日本が植民地時代に略奪していった数万点の文化財はまだ戻って来ていない。窃盗団の行為は、文化財を取り戻そうという真摯な努力に水を差すものだ。窃盗団を厳しく処分してこそ、日本が盗み、奪っていった文化財を明確かつ堂々と返還要求できる道徳的な力となる」（2014.11.27）などと、日本が歴史的に韓国の文化財を略奪していいいいいいいいいいしてきたことだけを強調するかのように報じた。

そもそも、ここに「愛国的犯行」「返還要求できる道徳的な力となる」といった表現が使われること自体、筆者としては大いに違和感を覚えるのであるが、このような認識が続く限り仏像盗難事件の処分は「罪に対する処罰」ではなく、日本に文化財を奪われてきたことを、つまりこの件の発端は日本が過去に行った略奪にあるということを、〈国際的に発信するための処罰〉に止まるだろう。

## 犯人は「国民参与裁判」を申請

二〇一二年の事件に関連して、もう一つ面白いことがあった。それは、仏像を盗み、韓国に持ってきた犯人たちが、逮捕された後に主張した内容である。犯人グループは五十〜七十代の九名からなる文化財専門の窃盗団だ。実行犯四名の前科を全て合わせると、なんと前科五十六犯だ。ベテラン中のベテランといっていいだろう。

そんな彼らが、逮捕された後、警察の調査に対し主張した内容である。

「日本が奪ったものを捜し出してきたのに、何が悪いんだ？」

そして彼らは、「国民《クンミン》参与《チャンヨ》裁判《ジェパン》」を申請した。

国民参与裁判というのは、日本の裁判員制度に類似した制度で、一般国民の中から選ばれた陪審員たちが、有罪か無罪かの判決を下すものだ（ただし、陪審員たちの判決は、判事の「参考事項」になるだけで、法的な拘束力はない）。

犯人たちが、この裁判を申請した理由は明白だ。国民参与裁判は、法律の専門家である裁判官ではない、一般国民を相手に有罪無罪の意見を求めるものであるから、〈法〉の解釈よりも〈感情〉により結果が左右される。つまり、日本を相手にした〈悪行〉であれば、韓国社会では、一種の〈同情〉あるいは〈共感〉を得ることができる。この制度は犯人たちに有利に働くことはあっても、不利に作用する可能性はゼロに等しいのだ。

相手が日本であれば、悪行も正当化できることは、映画『悪いやつら　原題：범죄와의 전쟁（犯罪との戦争）』（二〇一二）を見てもよくわかる。この映画は一九九〇年代の韓国暴力団の活動を描いて大ヒットした映画である。

釜山を舞台としたこの映画の中で、税関職員である主人公は、偶然に密輸組織から流れた大量の覚醒剤を手にする。彼はこれを、上部に報告する代わりに、日本に麻薬を流す釜山の暴力団に売り払おうとする。この時、共犯である税関職員が良心の呵責を感じ、覚醒剤を引き渡すことを躊躇するのだが、彼に対し主人公が次のようなセリフを言うのである。

「日本にシャブを流すのがそんな大きな問題ですか？　ぶっちゃけ、我が国が日本猿の下で何年間植民地生活をしたんですか。私は正直、日本にシャブをいっぱい流して、あのサルみたいな連中が全部シャブ漬けになって、ションベン垂らしながら、みんな死んじまえばいいと思ってます。愛国って何ですか。我々は日本に、何でもいいから勝たなければいけないんじゃないですか」

身の毛がよだつような話だが、これと同じようなセリフは、映画ではなく現実の世界で聞かされたことがある。二〇〇四年、ソウルにある日本人学校が襲撃された事件においてである。ある韓国人の男が、斧を振り回し日本人の幼稚園児に重傷を負わせたこの事件は、日本でも大きく報道されたが、事件自体よりも人々を驚愕させたのは、警察に逮捕された犯人の言葉だった。幼い子供が大けがをしたと伝えられた犯人は「どうせ日本人の子供じゃないですか」と応えたのだ。

これらの言葉は、相手が日本人であれば、幼児を暴行するという悪辣なことをしても良心の呵責を覚えず（あるいはほかに比べればその度合いが小さく）、むしろ支持を受ける可能性もあるという雰囲気が韓国内に広がっていることを示す例である。

もっと極端に言えば、日本を対象とした悪行（例えば、仏像窃盗）を批判することは、むしろ「日本の味方をする」だとか、「親日派」などといった批判を受けかねない空気がそこに存在していることを意味する。

残念なことだが、韓国社会にこのような歪んだ認識が根付いている限り、日本を客観的に冷静に見つめ、接することは難しいだろう。しかし、このような雰囲気が存在することは、反日を利用する勢力にとってはかけがえのない、素晴らしい〈環境〉に違いない。

## 在日同胞さえ恐れる韓国

二〇一二年、私はある在日同胞《ジェイルドンポ》の作家と話をする機会を得た。韓国でますます大きくなる反日感情についての話をし、韓国の反日が行き過ぎたレベルだという点で意見が一致した。常に、日本に対し感情的に対応する韓国を心配するその作家に、私は次のように話した。

「韓国社会に苦言を述べる適任者は、在日韓国人のような、海外にいる韓国人だ。彼らは、韓国の外にいるため、韓国内の人よりも物ごとを客観的に見ることができる。万が一、韓国の行き過ぎた反日感情について、日本人が韓国に対し苦言を呈したなら、韓国は耳をふさぐか、そうでなければ、激しく反発するだろう。韓国内にいる韓国人が苦言を呈したなら『親日派』だとバッシングに遭うことになるはずだ。だから、あなたのように海外にいる韓国人が、韓国のために苦言を呈してくれたらいい。してもらえませんか？」

これは、普段から私が考えていたことだ。しかし、あまりにもあっさりと返ってきた短い返事に、私は何も言えなくなってしまった。

「できません」

その作家は、韓国社会の反感や怒りは、海を越えた日本にいる自分にも及ぶかもしれないと危惧していたのだ。

実のところ、在日韓国人たちが母国に対し苦言や批判を公にすることができないことは、いくつかの例を通してある程度想像がついていた。

例えば、柔道選手から格闘家に転身した秋山成勲《よしひろ》（韓国名：秋成勲《チュソンフン》）は、日本で生まれ育った在日韓国人だ。だが日本で生活しながらも韓国籍を維持していたため、アジア大会やオリンピックなどの国際大会に出場するにあたっては、韓国籍を放棄し日本に帰化したうえで日本代表となるか、韓国籍を維持したまま韓国代表となるかを選択しなければならなかった。

彼は、後者を選択した。一九九八年、韓国に渡り、釜山市庁柔道チームに入団。韓国内の大会に参加して優勝、韓国柔道界で実力を示した。

ところが韓国には大きな壁が存在していた。実力では韓国代表となるべき人材と評価を受けたが、派閥争いが横行し不正が蔓延する韓国柔道界において、日本育ちの彼が代表資格を手にすることはできなかったのである。

韓国での活動を取材したKBSのドキュメンタリーに収録されていた彼の言葉は、彼がどんな待遇を受けたのかをよく物語っている。

「実力主義ではないみたいですから。選手としてそんなとき何もできなくて、とても残念です」

結局彼は韓国代表になることを諦め、日本に戻り帰化した後、日本代表となる道を選択した。その後、自身の実力で日本代表に選抜された彼は、釜山アジア大会に出場。韓国で選手生活をしていた時にライバルであった韓国の選手たちを倒し、金メダルに輝いた。

もし、韓国が公正で、公平な選抜を行っていたなら、秋山は韓国代表に選ばれ、韓国に金メダルをもたらしていたかもしれない。だが、彼は韓国社会の冷遇の前に挫折し、柔道選手として活躍する機会を求め、日本に帰化するという道を選択したのだ。

彼が後に韓国のTV番組でチュ・ソンフンとして活躍しているのは実に皮肉である。

少し話がずれるが、実は秋山のように、能力がある人材が排斥され、結果的に韓国が獲得するメダルの数を減らすことになったという例は、他にもいくつか存在する。もっとも最近の例は二〇一四年、ロシア・ソチオリンピックでロシア代表として出場し、金メダル三つと銅メダル一つを獲得したスケート・ショートトラックのヴィクトル・アン（韓国名：安賢洙《アンヒョンス》）選手である。

二〇〇六年のトリノオリンピックでも、三つの金メダルと一つの銅メダルを獲得し、その実力を見せつけていたアン選手だったが、メダル獲得後は、外部ではなく韓国内からの牽制に苦しむことになる。彼は韓国氷上競技連盟の首脳陣、コーチ陣の大部分を占める派閥の大学出身ではなかったため、酷い集団的嫌がらせや妨害を受けるようになったのだ。結局彼も実力ではなく、圧力のために韓国代表の選抜から漏れてしまう。彼はロシア国籍を取得した後、ロシア代表となり、ショートトラック界に華々しく復帰した。

韓国生まれのアン選手でさえ克服できなかった派閥という負担、つまり、韓国内部の差別は、秋山にとってはさらに過酷な現実だったに違いない。それでも、このような事実に対し、在日韓国人社会は韓国社会に批判の声をあげることができない。

在日韓国人から韓国に対する批判が出るとすれば、それは大統領、政権など韓国の政治に関することが大部分で、在日韓国人を差別する韓国社会に対する批判はほとんど出てこない。彼らは、明らかに韓国社会の問題点を認識しているのにもかかわらず、である。

## 在日韓国人の蔑称「半チョッパリ」

韓国のあるTV放送で、韓国系日本人サッカー選手、李忠成《りただなり》を取材した番組が流れたことがあった。その中で、李忠成がこのような発言をしていた。

「(韓国で)半《バン》チョッパリ[注2]と言われたことを伝えたら、父が怒りました」

言語的にも、文化的にも韓国人よりも日本人《チョッパリ》に近いと揶揄する意味で、在日韓国人を半チョッパリと表現しているのだが、これはあきらかに差別用語であるし、ヘイトスピーチの範疇に入る言葉だ。

間違いなく不愉快な言葉であるのに、不思議なことに、在日韓国人たちからこの言葉に対し、批判、あるいは不満の声はほとんど上がってこない。


一部の在日韓国人たちは、長い間、日本国内で「差別」を受けたと糾弾してきた。日本人が使う用語や制度、機会の付与などについて「国籍による差別」があり、問題であると主張してきた。このような意見には共感できるし、実際、そういった意見を支持する日本人も少なくない。

ところで、同じ国籍であるのに、明らかな差別を受けた秋山成勲や李忠成について、母国である韓国に対し抗議するというケースは、ほとんど聞かない。何か不自然なような気がする。

日本社会での差別に対しては、とても敏感に反応するのに、もっとひどい待遇を祖国で受けることについて問題視しない理由はなんだろうか？　その理由について、二つの可能性が浮かぶ。

一つ目は、在日韓国人に対する韓国社会の差別が日本社会のそれよりも酷いという意見が出れば、日本においてこれまで行ってきた、差別に対する抗議運動を続けるのに支障をきたす。そして、今さら本国の酷さを認めることは、自らダブルスタンダードの姿勢をとってきたことを認めることになってしまうからである。これを認めたくないがゆえに、韓国で受けた差別の経験に対しては沈黙し、なかったことにするのだ。たとえ、秋山成勲や李忠成のような被害を受ける者が出たとしても。

二つ目は、もし在日韓国人から「日本より韓国のほうがもっと酷い」という意見が出れば、在日韓国人は韓国社会から「半チョッパリ（半分日本人）」ではなく「完全なチョッパリ（完全な日本人）」扱いされることになり、日本や日本人よりも、もっとひどく恨まれることになるのが目に見えているからだ。「日本よりも酷い」という表現は、日本を絶対的な悪者と認識している韓国人にとって、これ以上にない批判であり、侮辱だ。

在日韓国人たちは、終戦後、長きにわたって母国である韓国にとって「施恵者《シヘジャ》」、つまり物質的に経済的に補助してくれる人々だった。終戦後八〇年代初めまで、韓国は貧困から脱出できずにいた。この頃まで在日韓国人は寄付をし、あるいは投資をしてくれるばかりか、物質的援助までしてくれるありがたい存在だった。日本で成功した在日韓国人たちは、莫大な金額の寄付をし、災難が起こるたび韓国を支援し、奨学金財団を設立するなど、積極的に韓国を助けてきた。

しかし、二十一世紀に入り韓国が経済的に成長するにつれ、在日同胞に対する依存度は低下した。逆に、在日韓国人が韓国政府から援助を受けたり、韓国のおかげで利益を得られるような状況も生まれてきた。

韓国政府は、在日韓国人に投票権を与え、経済分野で門戸を開放し、彼らが韓国で莫大な利益を挙げられるように便宜を図った。在日韓国人がオーナーを務める日本の消費者金融会社は、日本より利率のいい韓国に進出し、韓国消費者金融市場を完全に掌握し、毎年莫大な収益を記録している。

つまり、在日韓国人の韓国に於ける発言権や利益が拡大した分、それがそのまま〈借り〉となって、韓国に対する批判の声を上げにくくなっているのだ。韓国を批判した結果、韓国内で在日韓国人に対する反感が生まれたなら、それによる損失が莫大な額となるであろうことは想像に難くない。

秋山や李忠成に対する韓国の冷遇については、韓国内の一部のマスコミが指摘したことがある。彼らに「同情」したのだ。しかし、在日韓国人たちの声を代弁するはずの民団（在日本大韓民国民団）や、在日韓国人の知識人の中には、韓国社会を批判する人はほとんどいない。彼らにとっては、日本社会の反感を買うよりも、韓国社会の反感を買うほうが怖いのだろう。

## おかしいと言えない在日韓国人

二〇一四年九月十九日、日本のインターネットメディア、JBpressで自民党の重鎮議員、平沢勝栄氏の発言が紹介された。日韓関係の悪化により困った状況に立たされている民団の幹部が、平沢氏に陳情しにきたことに関する話題であった。

先日、民団（在日本大韓民国民団）の団長らが私のところに陳情に来ました。ヘイトスピーチの問題に関してです。私が言ったのは、いろいろ頼むのなら、まずはソウルの日本大使館の前にある慰安婦の像を撤去すること。米国の慰安婦の像も全部撤去するように韓国に言いなさいと。

そうしたら自分たちもソウルの日本大使館の前にある像はおかしい、**撤去したほうがいいと思う**と言うわけです。ところが、**韓国の一部の人たちがものすごく騒ぐからなかなか動きが取れない**と。

また、いまのソウル市長は左翼だそうで、本当ならソウル市長が撤去する権限があるけれど、**それを言い出せない**と。つまり韓国系の人たちも、あの像はおかしいと思っているわけです。

（2014.9.19　JBPress　http://jbpress.ismedia.jp/articles/-/41755）
（太字は筆者による）

だが、その内容をよく見てみると「困った状況」だけでなく、〈韓国を批判できない在日韓国人〉の姿も見えてくる。

平沢氏の言葉によると、彼を訪ねてきた民団の代表は、ソウルの日本大使館前にある慰安婦像は撤去したほうがよいと考えているらしい。だが、彼らは、その考えを自ら韓国に伝えることはできないというのだ。

記事によると、民団の代表たちは、その理由を「韓国の一部の人たちがものすごく騒ぐから」と述べているのだが、それはつまり、民団の代表でさえ韓国社会の反感を買うことを恐れ、また「一部の人たち」により韓国社会の雰囲気が左右されていることを知っているということだ。

記事の内容だけでは、彼らが恐れている「一部の人たち」の正体が何者なのかを断定することはできない。だが、確実なことは、その何者かが在日韓国人たちが母国の問題点を問題だと指摘、あるいは批判することを不可能にしている存在だということだ。

本章において、ここまでに、大きく二つの現象について説明してきた。

一つ目は、暴力、窃盗など、明らかな犯罪だとしても、抗日闘争と関連があったり（金九《キムグ》のための復讐）その犯罪の被害者が日本である場合（仏像窃盗事件のようなケース）は、その行為が正当化され、あるいは称賛まで受ける傾向が韓国にはあるということ。

二つ目は、著者が日本人や韓国人よりも、韓国の反日を批判するための適任者だと考える、そして韓国から差別を受けている被害者でもある、在日韓国人でさえも、韓国内の「反発」を恐れ、韓国の反日批判をできずにいるということだ。

韓国社会の「犯罪も正当化できる社会の雰囲気」や「同じ民族同士でさえ批判できない雰囲気」の存在は、反日モンスターの実在を間違いなく裏付けている。そして、この雰囲気が変わらない限り、反日モンスターは成長を続け、快適に活動し続けるだろう。

注2　半チョッパリ：半分は韓国人・半分は日本人の意。チョッパリは日本人の蔑称

# 第４章　マスコミ編――何人もモンスター批判はできない

## 依然として不完全な「言論の自由」

朴正熙《パクチョンヒ》による軍事政権の開始からその政権が全斗煥《チョンドゥファン》に引き継がれ崩壊するまで、つまり一九六一年から一九八〇年代後半までの約二十五年間、韓国には言論の自由がなかった。ＫＣＩＡ(大韓民国中央情報部)等の情報機関により監視、検閲が行われ、ほぼすべての新聞が文体が違うだけの同じ情報を発信し続けた。特に、政治に関する記事に対する干渉や統制は厳しく、記者たちは日常的に逮捕されたり、会社から追い出される等の弾圧を受けた。

しかし一九八七年の民主化闘争により、大統領直接選挙制が敷かれ、マスコミに対する統制も消えた。大統領や政府を自由に批判できるようになることで、為政者たちの側もマスコミを意識するようになった。だが政府による干渉や統制がなくなったからと言って、マスコミが完全な自由を手に入れたというわけではなかった。マスコミ自らが作り上げた「タブー」は依然として「タブー」のまま残っていたからだ。

例えば、左派マスコミと右派マスコミが強く対立する韓国に於いては、もともと同じ性向の陣営には甘く、味方を批判することは限りなくタブーに近い。

もっともこれは、韓国以外の国でも、ある程度、認められる傾向であるかもしれないか。だが、韓国には、これ以外にも「韓国ならではのタブー」がある。それは韓国に対する批判、そして日本に対する称賛である。そしてこれは敵対関係にある左派、右派の両方における唯一の共通点でもある。

韓国マスコミが、「韓国」に対する批判には消極的で、それが「タブー」であることを批判したＬＡタイムズの記事がある。『韓国人のキムチ称賛－懐疑的視点から－（原題：Koreans' Kimchi Adulation, With a Side of Skepticism）』（2006.5.21　ＬＡタイムズ）というタイトルの記事である。韓国人に最高の健康食品として認識されてきた伝統食品キムチは、塩分が多く刺激的な食品であるため、実は、胃がん発生率を高めている原因であるという研究結果が韓国内で出ている。にもかかわらず、韓国人たちが誇るキムチに対し、批判をすることができないという内容だ。ＬＡタイムズの批判は、この「批判することができない」という現状に対する批判である。記事には、以下のようなソウル大学研究員の〈言い分〉も紹介されていた。

「キムチの有害性をマスコミの前で語ることはできない。キムチは我々の伝統食品であるためだ」

キムチは、韓国人たちが最も好んで食べる食品であり、また、韓国が力を入れて海外に広報し、普及させようとしている「商品」のうちの一つでもある。その手段として、韓国のマスコミは常に、キムチの優秀性を国内外にアピールしてきた。韓国ではキムチは、がんはもちろんのこと、ストレス、鳥インフルエンザ、ＳＡＲＳ、アトピー、動脈硬化、ダイエット、高血圧、老化予防などに効果があると宣伝してきた。

そのキムチには、明らかにマイナス要素が存在しており、それは科学的分析に基づいて証明されているのだが、それを伝えることはキムチを批判することに繋がるためにできないというのが韓国である。自国、あるいは自国のものを批判することに対し、強い抵抗を感じる国民の気持ち、つまり「国民感情」を恐れているのだ。

このような傾向は、韓国の伝統や歴史に対して特に強く表れる。彼らは間違った事実を指摘することに対し、相当な抵抗を覚え、韓国人にとって不都合な事実を伝えることを躊躇する。

## 日本の反応

インターネットが全国的に普及した二〇〇〇年代から、韓国には「ネットメディア」と呼ばれる媒体が次々と現れた。彼らは、紙媒体の新聞やＴＶよりも、はるかに早く「情報」を伝えることができる。インターネット媒体の特性上、記者や執筆者がいつでもどこでも記事を作成、編集、発信することができ、修正やアップデートも、既存の媒体に比べて遥かに簡単であるため、スピード面について言えばインターネット媒体はいつでも優位である。

インターネット媒体の主な収入源はバナー広告である。インターネット媒体は広告主から、閲覧者によってそのＷＥＢページが開かれた回数、または閲覧者が広告をクリックした数に応じた支払いを受ける。そこで、このバナー広告で収益を稼ぐために重要なことは、誰が一番先にインターネット上にニュースを流すかという「速度競争」と、「アクセス数」である。

乱立したインターネット媒体の中で一番早く記事を載せ、ポータルを通して発信したサイトに、ネットユーザーのアクセス数は集中する。ユーザーのアクセス数を稼ぐため、各サイトは熾烈なスピード競争を繰り広げ、またゴシップやセンセーショナルなニュースを大量生産する。こうして、良質な記事よりもまともに検証もされていない、刺激的な記事が溢れかえるようになった。だがそれらは、彼らの重要な収入源である。

さらに、二〇〇〇年代の中ごろ～後半になると、ネットメディアという特性にピッタリとあてはまるような、新たなジャンルが登場した。それは「日本の反応」を韓国に伝えるサイトだ。これ以上に、韓国のネットユーザーに好まれるテーマは他にないかもしれない。元々、韓国人は、日本を過剰に意識し、競争意識を持つ傾向にある。そこに、日本人の反応を即座に確認することのできるサイトが登場したのである。

例えば、サッカー日韓戦が終われば、韓国のインターネット・ポータルサイトには「日韓戦日本の反応」という検索語が突然ランク上位に登場する。そして、彼らがたどり着くのは、2ちゃんねるのような日本のネット掲示板の日本人の書き込みを翻訳して伝えてくれる韓国のネットメディアや専門サイトだ。

韓国のネットユーザーたちは、韓国語に翻訳した「日本の反応」を見ながら、一喜一憂する。韓国が勝った場合には、悔しがる日本人を見て快感を覚え、韓国選手のプレーを称賛する意見を見ては笑みを浮かべる。逆に韓国が負けた場合には、韓国の敗北をあざ笑う日本人を見て憤怒し、屈辱を味わわせた韓国選手を批判する。

このような「日本の反応」を伝えるサイトの危険な点は、多様な意見をバランスよくピック・アップしているのではなく、刺激的な内容だけを伝えている点、また、編集者や翻訳者の意図によっていくらでも印象操作が可能だという点である。

例えば、韓国が勝ったときには悔しがるような意見だけを集中的に集めて紹介し、負けた時には韓国を馬鹿にするような発言を集中的に紹介する。彼らがこういった内容を強調する理由は、韓国では日本に対する「優越感」や「怒り」がアクセス数、つまり広告収入を上げるために効果的だからだ。

このようなサイトに記載された内容は、インターネット上でリンクが張られたり、内容をコピー&ペーストによりどこかのＳＮＳに載せられたりすることで、とんでもない速度で広がっていく。その影響力は無視できない。そして、このようなサイトの問題は、小規模媒体だったとしても、商業的なサイトが大部分であるために、倫理的責任感に基づいたフィルタリングは期待できないこと。そして、その情報源は信頼性すら測ることのできないインターネット上の書き込みだということである。つまり、流された情報については、誰も責任を取らないということだ。いつの頃からか、いつでも、センセーショナルで、検証されていないであろう刺激的なニュースばかりがインターネット上に溢れかえるようになった。だが、考えてみれば、「反日モンスター」にとってこれ以上に活動しやすい環境はないのではないだろうか。

ところでもう一つ残念だと思うのは、このような媒体やサイトが、日本でも同じように流行し、人気があるということだ。これらのサイトの運営方法は同じである。韓国のポータルサイトニュースで報道された、常軌を逸したような犯罪を伝えるニュースや、インターネット掲示板にあげられた過激な発言、笑えるようなネタを見つけ出し、そればかりを集中的に翻訳して日本のネットユーザーに優越感を与え、笑わせるためのネタとして日本のインターネット上に公開するのだ。

このようなサイトは、既存の大型新聞社や放送局だけが持っていたような情報発信の特権を、小規模媒体や一般人にも与えたという意味において、評価できる部分がないわけでもない。だが既存のマスコミが守っていた「ガイドライン」を無視し、無責任な情報を両国に対し発信することで、結果として互いの不信感を煽り、反目しあうような雰囲気を作りあげていることは否定できない。

そしてその雰囲気は、モンスターが猛威を振るうための最高の土壌である、ということも否定できない。

## 「基準」のない報道

最近報道された韓国の記事で、日本で大きな話題となった記事が二つある。一つは、二〇一一年三月十二日に新聞の一面を飾った記事で、津波に飲み込まれ、壊滅した災害現場の写真とともに、テレビニュースのヘッドラインにも登場した『日本沈没』という見出しが躍っていたもの。もう一つは、二〇一三年五月二十日に、安倍総理が歴史を否定していると批判する社説として登場したもので「日本の広島や長崎に原子爆弾が落ちた。これらの爆撃は神の懲罰であり、人間の復讐だ」という、いわゆる「神の懲罰」発言である。

この二つのフレーズは、とてつもない数の民間人犠牲者を出した重大事件・事故に対して使う表現としては、誰の目からみても不適切なものだ。

特に「日本沈没」という表現には、多くの日本人が怒り、韓国国内でも批判の声が上がった。さすがに当該新聞社も「本意ではなかったが、日本人に傷を与えた」とし、「報道について反省する」という反省文を掲載した。しかし、これは地震発生後、なんと九ヵ月も過ぎた十二月二十七日に、一年間の報道を振り返る企画で出てきた。あまりにも遅い反省だった。

なお、「神の懲罰」という表現を使用した論説委員は、一週間後に「(伝えようとした)趣旨と異なり、日本の原爆犠牲者と遺族を含め、心に傷を負われた方々に遺憾の意を表します」と釈明したが、日本国内で既に悪化してしまった韓国に対する印象は、簡単に修正できるはずもなかった。

韓国においてこのような常識外れの表現が、それも大手新聞社の記事に登場する理由は、韓国社会が報道において、差別的あるいは非倫理的な発言についての基準を設けていないためだ。きちんとした先進国であれば読者から叱られそうな発言が、いろんなところで飛び出しているが、韓国人はそういった点については、かなり鈍感だ。

私が、十年間の日本生活を終え、韓国に帰国したばかりの頃、韓国のドラマを見ていて驚愕したことがある。あるシチュエーション・コメディーだったのだが、ドラマの中で、主人公が黒人の肌の色を指して「練炭《ヨンタン》」と表現したのだ。特定の人種の肉体的な特徴を挙げ、笑いのネタにするのは明らかな人種差別である。そして韓国は今まで韓国人の風貌をからかう欧米人の表現に誰よりも敏感に反応し、怒りと批判の声を表明してきた国でもある。

しかし、さらに驚かされたのは、その翌日のことだった。私は、そのドラマを見ながら、明日の新聞で批判や叱咤の声が相次ぐだろうと考えていたのだが、どの媒体を探しても、黒人の肌の色を「練炭」と表現したことを問題視するマスコミはなかったのである。

いくらコメディーだとしても、外国で韓国人が身体的特徴や習慣のために、そんな風に笑われたなら、おそらく韓国のマスコミは、それを「韓国卑下」だと言って大々的に報道し、批判することだろう。ところが韓国は、自分が行った「失礼にあたる表現」については、本当に鈍感で、またおそろしく寛大だ。

韓国のこのような実情に対しては、「ニューズウィーク」に「韓国人は人種差別の加害者になった時には『悪意のない冗談』だと主張するが、被害者になれば敏感に反応する」(2014.7.14)と指摘されたことがあるが、本当にその通りである。

人種差別において、自分には甘く人には厳しい韓国であるが、その中でも特に日本に対する発言や措置は、基準が曖昧どころか、かなり国粋主義的な要素までもが感じられる。次にその例を見ていこう。

## 安倍総理の「発狂」は問題ない

韓国で最多発行部数を誇る朝鮮日報はTV局「TV朝鮮」を所有している。保守性向の論調で、親米反日性向の、そして、特に北朝鮮に厳しいスタンスを取っているチャンネルだ。

二〇一四年二月二十四日、TV朝鮮のニュースを見ていた私は、本当に驚かされた。安倍政権の政策を批判していたアナウンサーが、安倍総理を指して「発狂《パルグァン》している」と表現したのだ。

「発狂」という言葉は、まともな韓国マスコミなら、紙面でも、放送でもそう簡単には使えないような過激な言葉である。韓国語で、このような過激な発言をする放送が他にもあるとすれば、おそらくそれは、北朝鮮の国営放送、朝鮮中央放送くらいではないだろうか。

あまりにも強い衝撃を受けた私は、韓国の放送通信審議委員会のホームページに抗議文を送った。

放送通信審議委員会とは、大統領が委嘱した九名の委員により構成される委員会で、ＴＶやラジオにおいて不適切な表現や内容が放送された場合、注意、警告、謝罪命令等の判断を下すオンブズマンのような機能を果たしている機関だ。私がこの機関に送った請願内容は以下のようなものであった。

> ＴＶ朝鮮のニュース進行者が、日本の政治について評価する際に、総理に対し「発狂している」という表現を使った。これは、報道チャンネルがしてはならない表現であるだけでなく、司会者の本分を忘れた言葉だ。司会者は客観的事実と情報だけを伝えなければならない。日本だけでなく、北朝鮮の金正日《キムジョンイル》、金正恩《キムジョンウン》に対してだとしても、「発狂した」というような表現を使用することは非常識極まりない。
>
> これは、育ちゆく青少年にも悪影響があるばかりでなく、ＴＶ放送としては、想像しがた

い低劣なレベルの言葉だ。強力な警告と、再発防止のため、放送用言語に対する徹底した教育をすべきである。おそらく、先進国であれば、放送局の社長が謝罪をしても許されないほどの深刻な問題である。強力な措置と警告が必要だ。

私がこのようなクレームをつけたのは、実のところ、韓国が他国から尊敬されるような国になるのを期待しているからだ。自らが尊敬されたければ、他者への尊重が先行しなければならないと思っている。だが、こんなふうに、日本を挑発するような態度をとり続けていたら、韓国が他国から同じ扱いを受けたとしても文句を言えないからだ。

だが、私のこんな考えは、韓国の放送通信審議委員会には、とうてい共感できないものだったようだ。何故ならば、放送通信審議委員会は「発狂」という言葉に対し「問題なし」という回答を返してきたからだ。請願から一ヵ月後に私が受け取った返答は以下のような内容だった。

貴方が指摘された放送内容を検討した結果、一部視聴者によっては多少不快に感じる要素はありましたが、指摘された状況に関しては、最近日本王室が戦争を禁止した現平和憲法を支持したのとは逆に、憲法の解釈を変えてでも集団的自衛権の行使を推進すべきだとする安倍総理に対しての国民的公憤と世論を反映し、痛烈に批判する趣旨としての発言と取れるという点、さらに該当表現は卑俗な言葉ではなく、安倍総理の甚だしい右傾化の歩みに対し「行き過ぎた行動を低く評価し表した言葉」という意味で使用されたものと判断される点、などが総合的に勘案されなければなりません。従って、本件は既存の類似審議事例等を考慮した時、放送審議規定上違反であるとすることは難しい事例であることをご理解いただくようお願いします。

要は、安倍政権が集団的自衛権行使を推進しているのに対する、韓国国民の公憤を反映した表現であるため、「発狂」という表現には問題がない、というのだ。つまり、本当に気が狂った、という意味で使ったのではないから、という回答だ。

だが、韓国と日本が同じ意味で使っている「発狂《パルグァン》」という言葉を、仮に、日本マスコミが韓国の大統領に対して使ったなら、韓国マスコミは黙っていられるだろうか？

二〇〇九年、盧武鉉《ノムヒョン》大統領が死去した時、韓国は、日本マスコミが盧武鉉《ノムヒョン》大統領を「盧武《ノム》鉉《ヒョン》氏」と表現したことに対しても、「韓国を侮辱した」と怒り、報道したことがある（日本語とは異なり、韓国語では国家指導者に対しては職名をつけて呼ぶのが礼儀であり、「氏」という敬称は使わない）。

日本語においては、外国の国家元首に対しても、「氏」という敬称を使うことは失礼には当たらないため、盧武鉉《ノムヒョン》氏という表現は、もちろん、韓国を侮辱した言葉ではない。それでも、韓国の立場から韓国語として考えた場合に気分が悪くなる表現だ、という理由で日本に対して怒りを表したのだ。それこそ、完全に「言語文化の違い」による誤解であるにもかかわらず、である。

しかし、日韓でほぼ同じ意味、用法で使われている「発狂」という言葉は韓国人の目にも侮蔑的表現である。それでも、日本の行動に問題があったのだから、その言葉を使用することには「問題がない」という結論を出すのが韓国なのである。

私が思うには、万が一韓国のアナウンサーが韓国の与党、あるいは野党の政治家の言動に対して「発狂した」などと表現したら、物凄い勢いで抗議を受け、おそらく最低でも罰金刑くらいは科されることになるだろう。

だが、海を越えた日本に対する侮蔑的表現であれば、誰も抗議すらしない。国内の外国人労働者の処遇、そして彼らに向けられた差別的表現に対しては非常に敏感な市民団体や知識人も、日本に向けられた「暴言」に対しては寛大だ。

何故こんなことが起こり得るのだろうか？　それは、それに対して抗議をすることは、日本の味方をする「親日派」だという烙印を押されることになり、親日派の烙印を押されるということはモンスターの餌食になる可能性が高くなることを意味しているからだ。韓国内の外国人労働者、外国人に限りなく温かく広い心で対応することを掲げる人道主義も、博愛精神も、反日モンスターの前ではいとも簡単に凍りついてしまうのだ。

## 日本語だけ「放送不適格」の判定

二〇一四年四月、韓国の女性五人組アイドルグループ、クレヨンポップの新曲『オイ（原題：어이）』が公営放送ＫＢＳにおいて、放送不適格の判断を受け、話題となった。その理由は、歌詞の中に、物が光るときの様子を表す日本語由来の擬態語「ピカ（삐까）」という語彙が含まれていたというものだった。

実は、「ピカ」は、韓国で広く使用されている「俗語」である。「ピカ」以外にも、発音は韓国式に少しずつ変化してはいるが、日本語由来の「満タン」、「オーライ」、「タマ（電球）」、「サシミ」といった言葉は、日常生活の中で普通に使われている言葉である。

つまり、これらの言葉が日本語由来だからと言って、今さら、韓国語ではないと評価することについても疑問が残るし、そもそも事実上の「放送禁止」にあたる「放送不適格」という判定が、「日本語」に対してのみ下されるという点に違和感を覚える。

日本と同様、最近の韓国のヒット曲の中には、必ずと言っていいほどに英語が含まれており、過去のヒット曲の中には、歌詞にスペイン語や中国語が含むものもある。それを聞いた韓国人は、新鮮味を感じ、面白いとは思っても、批判することなどはない。

それに対して、日本語の単語は、すでに韓国人の実生活の中に息づいているものであるから、身近な存在で新鮮味がない、ということは言えるかもしれないが、それらの単語がたった一つ含まれていたからといって、放送不適格判定を下すのは、まともな判断とは思えない。

これについて、ＫＢＳの審議室に問い合わせをしてみたが、納得のいく返答をもらうことはできなかった。不適格判定の理由に対する質問に対しては「日本語が含まれていたためだ」という短い答えがあった。これに対し、再度「英語や中国語が含まれた歌には、すでに有名になった歌もあるのに、何故日本語だけが駄目なのか、その基準が何なのか教えてほしい」と問い合わせもしてみたのだが、半年たった今も回答が返ってこない（二〇一四年十月現在）。

おそらく、その基準は「日本語」だからであり、対象が「日本」であるためだ。それ以上の返答や説明は、通常韓国では求められることもないし、これ以外の説明もつけられないのだろう。日本語と日本、その二つの理由さえあれば、制約することも制限することもでき、どんなマスコミも知識人ですらも、そこに疑問を呈することはない。その理由さえあれば、平和、博愛、ジャーナリズム、合理的思考などは全て無用の長物と化すのだ。

ここにも、何かを恐れる韓国内の「空気」が感じられないだろうか？　その「何か」こそが、反日モンスターの正体である。


実際に、生活の中で頻繁に使う言葉にもかかわらず、歌手は、それを使えるようにしてくれと許可を求めて抗議したり、放送不適格の決定を批判することもできない。合理的理由もなく、放送局による説得力のある説明もないにもかかわらず、慣例に従って放送禁止処分を受け入れるしかない。そうしなければ、いつどこから攻撃を受けることになるかわからないからだ。

仮に、黒人の肌の色を「練炭《ヨンタン》」と表現したことについて批判と改善を求める声が上がったら、ある程度支持を得られるだろう。しかし、日本語が含まれている歌詞について、歌手が執拗に許可を求めたなら、その歌手は「親日派」と呼ばれるようになるだろう。そして、仮に放送局が日本語の歌詞を許可したとすれば、その放送局は、「親日放送局」だと批判を受けることになるだろう。だがそんな批判をするのは、普段は何の抵抗もなく日本語由来の表現を使っている大衆である。

大衆の多くは、自分が普段使っている日本語由来の表現に対しては寛大だ。だが他人が、特に有名人が日本語を使ったりその使用を擁護したなら、それに対しては少しの容赦もしない。大衆に広く普及している言葉の一つ一つを攻撃するのは難しいが、目標が一つに絞られたなら、攻撃しやすくなるからである。

ところで、実は日本語であることを理由にした放送不適格判断は、毎年何件も下されているのだが、マスコミが問題視し取り上げるものと、取り上げずにスルーしているものがある。

その判断基準は不明だ。もちろん、有名歌手のものであれば話題にしやすいが、無名歌手のものについては話題にする価値もないというのも理由の一つだろう。

だが、取り上げさえすれば、必ず大衆を騒がせることができる話題である。スルーされているものの中には、マスコミが大衆を騒がせる必要があるときに、いつでも使える材料として、あるいは脅迫材料の一つとして敢えてキープしているものもあるのかもしれない。

大衆に反日行動を起こさせるためのカギのうちの、少なくとも一つは、マスコミが握っているのである。

## 反中・反米モンスターがいない訳

韓国では、日本と親しくしたり、日本を擁護する行動は「親日《チニル》」だと認識され、否定的なイメージを持たれる。そして、社会で糾弾されることも多々あるのだが、韓国の外交において、日本同様、あるいは日本以上に重要な位置を占める中国や米国については、親中、親米だと認識されても、そこに否定的なイメージは伴わない。

もちろん、韓国にも米国や中国に対し、否定的な評価をしている人はいる。だが、これらの国に対する韓国の反応は、日本に対する反応とは全く違うのだ。

米国に対しては、韓国内に米国を支持する一定の親米勢力がいるため、反米一辺倒になることがない。一方、中国に対しては、マスコミが自ら、反中感情をフィルタリングしてから報道するため、反日感情のように反感を爆発させるようなケースはなかなか見られない。

例えば、韓国の左派マスコミや左派勢力は、以前から強い反米性向を示している。彼らは、民族の自主性を強調し米軍撤収を主張し、また米国資本の流入を批判してきた。

マッカーサー銅像撤去運動、米軍撤収運動、米国産牛肉輸入反対集会、韓米ＦＴＡ（Free Trade Agreement　自由貿易協定）反対集会など、様々な反米運動を先導してきた。

けれども彼らのような勢力がいる一方で、保守派性向のマスコミや勢力による、マッカーサー銅像死守運動、米軍支持集会、米国産牛肉輸入及びＦＴＡ賛成集会など、米国を支持する声もある。

つまり米国に反対する勢力がある一方で、米国を支持し親米政策に賛成する勢力も少なくない。それ故にある程度バランスが保たれ、反米運動は「モンスター化」することなく、単発的な市民運動に留まっているのである。

反中感情についても同様だ。例えば、二〇〇八年、ソウルで行われた北京オリンピックの聖火リレーの際、韓国内の中国人留学生、労働者たちによって構成される中国人サポーターが騒動を起こし、韓国人や韓国警察と衝突、多数の負傷者が出た事件があった。

この時、韓国マスコミは、冷静に対応するよう促したり、事件を単純に報道するレベルに留まり中国人サポーターの行動を厳しく追及したり、批判することはなかった。中国に遠慮するようなマスコミの態度に怒る人たちもいたが、そういった声はインターネット上でのみ見出すことができるもので、一般のメディアで大きく報道されることはなかった。いつからか、韓国のメディアは中国の目を意識している。

また、こんな例もある。二〇一二年、中国人労働者により韓国人女性が、ひどく残酷な方法で殺害される事件が起きた。金を稼ぐために韓国に来ていた中国人の男が、女性を拉致、性的暴行を加えたうえで殺害したのだが、その後の死体の処理がまた、奇怪なものだった。死体をバラバラにしたのだが、この時、犯人宅には鋸《のこぎり》もあったのにもかかわらず、犯人は六時間もかけて包丁だけで死体を切り分けた。しかも、骨や臓器は全く傷つけることなく、肉の部分だけを等分し、女性の身体はなんと三百五十八もの部分に切り分けられたのだ。信じがたいこの事実は、全国民を震撼させた。

あまりにも残酷で奇怪な殺人だったため、噂としてのみ存在していた臓器、人肉密売目的の殺人ではないかという疑惑の声が上がり、一審では「性的暴行が目的ではなく、人肉の提供など、何らかの用途に遺体を活用するために殺害したものと見られる」と、人肉密売の可能性に直接言及し、それを根拠に死刑判決を下した。

もし、そのままの評決が維持されていたのなら、韓国国内に反中感情が爆発していたことだろう。だが二審及び最高裁判所は一審の判決内容のうち、人肉密売の可能性を否定し、「何らかの用途に遺体を活用するために殺害したものと見られる」という部分だけを認め、無期懲役に減刑した。もちろんこの判決は、国民の反発を招いた。

遺族や国民の反発の大きさに比べ、マスコミは冷静だった。ともすれば、韓国国内の中国人に対する魔女狩りや、報復犯罪でも起きかねない雰囲気の中で、マスコミが比較的冷静に対処したのだともいうことができる。

もし仮に米国人が類似の犯罪を犯していたなら、左派マスコミ、市民勢力などに代表される韓国内の反米勢力によって批判され、反米運動が大々的に行われていただろう。そして、日本人が類似の犯罪を起こしていたなら、その後遺症はさらに大きく、より長く続くことになっていただろう。日本に対しては、もともと遠慮する雰囲気もないうえに、どんな報道をしたとしても、放送通信審議委員会から何らかの制裁をうけることがないからだ。それに、そもそも日本を支持する勢力は皆無である（もしかすると、実際には存在するのかもしれないが、少なくとも表に出ることはできずにいる）。

つまり、親米勢力の存在が反米モンスターの誕生を、中国に対しては政府もマスコミも遠慮せざるを得ないという雰囲気が反中モンスターの誕生を防いでいるのである。

## モンスターの大好物

親日派問題、慰安婦問題、独島問題などに、敏感に反応する反日モンスターには、もう一つ「好物」がある。それはホラー映画にでも登場しそうな、残酷で、猟奇的な事件で、主に日本統治期に朝鮮人が受けた虐待、被害に関するストーリーである。マスコミは、それがテーマとなっている噂を耳にすると、適切に検証することをせず、そのまま引用し報道する。これらの噂は、日本に対する憎悪を拡散させることになる。

二〇〇五年八月にハンギョレ新聞が伝えた、衝撃的な元慰安婦の証言を紹介する。

「平壌からきた女性が妊娠したのだが、ある日、タナカという男がひどく酔っ払ってやってきて、力任せに彼女を押し倒した。奴は、容赦なく彼女の腹を蹴った後、軍刀で腹を切り裂き、胎児を取り出して叩きつけた。タナカは続けて他の慰安婦を集めて、その女性の内臓を剣の先端で引き出した後、首にかけて、部屋の床に飛び散った血を舐めろと指示した」

「(横須賀の)病院で、梅毒にかかった慰安婦を対象に、ある人体実験が頻繁に行われていた。殺人鬼たちは人体実験が終われば、それ以上は使い道がなくなった慰安婦の命を奪い、内臓は内臓だけにしてドラム缶に入れ、本体はぶつ切りにして、荷押し車(リヤカー)に載せて積載場に運んだ。待機していた車が、それを載せてどこかへ行き、翌日になれば、油の入ったドラム缶を載せてきた。それは人の油だった。奴らはそれを航空燃料に混ぜ、戦争に利用した」

(2005.8.15　ハンギョレ新聞)

これは実際にあった話だろうか？　本当に、慰安婦を殺すだけでは足りずに、内臓を取り出して首にかけ、他の慰安婦にその血を舐めさせたのだろうか？　そもそも死体から絞り出した油を航空燃料に混ぜて使うなど可能だろうか？

常識的に考えればとうてい起こりえない話で、検証のしようもないほど突飛な話だ。ここで、マスコミに期待したいのは「説」を鵜呑みにせず自ら検証し、報道するのであれば、その信憑性について考察を加えたうえで語ることである。しかし、往々にして、そういった作業は省略され、「説」はまるで事実であるかのように報じられる。

ところでこのような、荒唐無稽な体験談は、「北朝鮮」から発信されたケースが多い。前述の内容も、北朝鮮の労働新聞が報道したものを韓国マスコミがそのまま転載したものだ。

労働新聞は、一九八〇年に5・18光州《クワンジュ》民主化運動が起こった時にも、これと類似した報道(戒厳軍が大剣で妊婦の腹の中から胎児を取り出したという記事。もちろんデマだ)を流し、国内外に韓国に対する悪いイメージを拡散したという前例がある。

二〇〇五年四月二十七日、朝鮮総連の機関紙朝鮮新報《ジョソンシンボ》は北朝鮮に生存していたという元慰安婦の発言を引用し報道した。その内容は、日本軍が慰安婦を殺したのち、人肉でスープを作り他の慰安婦に食べさせたというものだった。しかし、これも元慰安婦の証言が存在するだけで、何の証拠もないものだ。

朝鮮新報の話は一九四四年に作成された米軍の記録を根拠としているのだが、実際その記録を調べてみると、「人肉スープ」についての記述は見当たらない。それだけではない、米軍の記録と元慰安婦の証言を見比べてみると、米軍の記録に登場する女性が、その北朝鮮に生存している人と同一人物かも疑わしい。なぜなら、半島を離れた年度、年齢にも差があり、多くの矛盾が含まれているからだ。

だが刺激的な素材さえあれば、韓国マスコミはまともに検証もしないまま、当然矛盾点などに関して触れるわけもなく、そのまま韓国社会に広めるのだ。

とはいえ、このような残酷物語をまともに受け止める学者はなく、マスコミも一回性の報道で終わらせ、繰り返して日本バッシングの素材に使うことはしない。それは、学者たちやマスコミも、北朝鮮発の残酷物語が信頼できない荒唐無稽な内容であることを知っているからかもしれない。ただそれを否定するという「行動」に出られないだけだ。それを否定することこそがマスコミの使命であるはずなのに。

## モンスターが嫌えば見ないふり

二〇一三年五月、在日韓国人が多く住む地域である大阪の生野区で、韓国籍の男による傷害事件が発生した。この事件には、特異な点があった。犯人は道を通りかかった人に「生粋の日本人ですか」と聞いた後、そうだと答えた人に対し凶器を振り回したというのだ。つまり、日本人だけを犯行の対象としたのである。

この事件が報道されると、日本のインターネット掲示板には、韓国に対し怒り、批判する声が相次いだ。単純な傷害事件でなく、韓国人による、日本人だけを狙った事件だという特性を考えれば、これらは予測可能な反応であった。もし韓国に於いて、韓国人だけを狙った日本人による傷害事件が発生していたら、韓国人はこれと同じくらい、いや、おそらくこれ以上に激しく怒りを爆発させていただろう。

驚くべきは、韓国内の雰囲気だった。韓国内の反応は「静寂」、この一言に尽きた。大手メディアはＴＶも全国紙も、この事件を報道さえしなかったのだ。事件を伝えたのは一つか二つのインターネット媒体でのみであった。

事件が起きた二〇一三年当時は、靖国問題、歴史認識問題、アベノミクスによる韓国の貿易収支の悪化、それに、村山談話修正の動きなどが続いたため、強い反日傾向の記事や報道が次々と流されていた。韓国の立場から見れば、都合の悪い事件だったのかもしれない。

しかし私は、この事件を報道しなかったがために、韓国は重要な機会を失ってしまったと考えている。

もし、マスコミがこの事件を報道した上で、日本に住んでいる犯人が何故日本人に対して反感や憎悪を抱くようになったのか、どういう点で日本社会に適応できなかったのか、事件の背景を深く取材し、問題点を明らかにする努力をしていたなら、いろいろな課題を克服できていたのではないかと思うのだ。

在日韓国人である犯人が日本社会に適応できなかったのには、精神的、心理的理由があったのかもしれないし、経済的、制度的な問題があったのかもしれない。そして、もしその理由が在日韓国人に多かれ少なかれ共通して生じうることであったなら、韓国政府、あるいは韓国マスコミが支援したり、助言を行うことができたかもしれない。反対に在日韓国人の側に問題があったのなら、それを指摘し、改善を促すこともできたかもしれないのだ。

もちろん、この事件を報道すれば、気まずく感じたり恥ずかしいと思う韓国人もいたに違いない。しかし、起こったことをありのままに報道することを通して、自省を促すことができ結果として、改善につなげることができたのではないだろうか？

韓国マスコミはスポーツの日韓戦後に「日本の反応」を伝えたり、有名日本人の離婚や不倫のようなゴシップを伝える記事であれ、一日に数十、数百と発信することもある。実際、日本のある人気アイドルグループ出身の芸能人の不倫を伝える記事はトータルで五十件以上に上ったし、ある日本人メジャーリーガーの離婚関連記事は百件以上存在した。

だが、これらの記事はただの娯楽に過ぎず、韓国とは全く関係がないうえに、何の助けにもならない。スポーツ新聞やタブロイド紙なら仕方ないかもしれない。だが、ジャーナリズムを標榜する言論であるならば、こんな記事よりは、在日韓国人による、つまり実際に起きてしまった、自国と無関係でない「ヘイト犯罪」について報道し、問題が存在することを韓国内に認識させ、対処のための努力を訴えていく役割を担うべきではなかっただろうか。

だが、所詮これは、私の個人的な「理想論」である。結局、韓国マスコミの大部分は、見なかったふりを決め込んだ。そのため韓国人のほとんどは、この事件の存在すら知らないままだ。そしてほとんどの韓国人が、今も、在日韓国人は差別を受け苦痛を耐え忍んで生きているとだけ認識しているのだ。

一九九四年、韓国のある記者が、日本の暴力団幹部として活動する在日韓国人を訪ね、インタビューを行った。その記録を見ると、韓国人の持つ在日韓国人に対するバイアスのかかった見方がそのまま表れている。

記者は暴力団幹部に「民族史」、「徴用」、「徴兵」、「在日韓国人に対する差別」といったようなキーワードを持ち出し、それについて話をするように依頼した。暴力団幹部は、記者に対して逆に反感を持った様子で、次のように述べている。

「韓国人はなんでもかんでも過去の三十六年を持ち出すが、これからは、こっち（日本国内）の事情を客観的に見るのも大事だ。今は（在日韓国人が皆、被害者の立場にいるわけではなく）在日韓国人に被害を受け、自殺にまで追いこまれる日本人すらもいることを知るべきだ」

（1994.12.29「時事ジャーナル」二百七十号）

戦争中、約二百万人いたとされる在日朝鮮人の多くは終戦とともに帰国した。だが今も五十万人以上が在日朝鮮人（あるいは在日韓国人）として日本に定住している。それだけたくさんの人が、半世紀以上の時間そこに暮らしているのだから、中には成功した人も、逆に失敗した人もいる。そして中には日本社会に貢献した人も、逆に迷惑をかけた人もいることだろう。

だが、韓国のマスコミを通して韓国に伝えられる在日韓国人はいつでも「被害者」と「成功者」の姿だけだ。それを思えば、先に紹介したインタビューを試みた記者のように、在日韓国人を「被害者」としてのみ認識していたとしても無理がない。だが、当事者である在日韓国人も、同じ認識でいるだろうか？　もしかしたら、彼らは、先の暴力団幹部と同様に自分たちを「被害者」としてのみ扱う韓国人たちにうんざりしているのかもしれない。

ここでわかることは、韓国内では韓国人や在日韓国人が「加害者」である場合、あるいは、都合の悪い出来事が起きた場合には、それを報道することにかなり消極的であるということだ。

最近の例では、安倍政権において、河野談話の作成経緯について調査し、報告書を提出したという一件が挙げられる。韓国は河野談話を否定するのかと、かなり敏感に反応したのだが、河野談話の内容の検証ではなく、作成経緯に関する報告書作成に対してもヒステリックに反応し、それがまるで日本による歴史否定、日本の右傾化であるかのように批判的に報道した。

しかし、安倍政権において作成された報告書に対して、河野氏本人が「すべて正しい」と述べたことで、報告書に対する信頼性は否定できなくなった。驚かされたのは、安倍政権の報告書作成の動きに対しては連日批判報道を繰り返してきた韓国のマスコミであったのに、河野氏がその報告書内容を「すべて正しい」と述べたことについて報道したメディアは、一つもなかったということだ。

これで、韓国人の頭の中には、報告書作成を企画した安倍政権に対する否定的な認識だけが残り、報告書の内容に対しても、不信感だけを残す結果となるだろう。要するに、均衡を欠いた報道のために、日本に対する否定的なイメージだけが、また一つ、深く刻み込まれたのである。

おそらく、軍事政権時代にも、政府による情報統制や報道規制のために、同様の出来事が度々起きていたことだろう。しかし、民主化によりマスコミ報道の自由が保障された現在、このような偏った報道がなされるのは、「政府」ではなく「マスコミ」の〈自己規制〉によるものである。仮に、政府の報道規制があれば、マスコミは抵抗し改善要求を行う。だが、このような自己規制に対しては、マスコミ内部からは問題視する声が全く出ない。これは危機的な状況であり、とても悔やまれる状況である。

マスコミが、このように〈自己規制〉を敷くのは、政府よりももっと恐ろしい〈何か〉が存在しているためである。その〈何か〉は韓国にとって不都合な話を嫌い、日本の加害性、残酷性を示す話を好む。

そして、その〈何か〉の好みをいち早く把握したマスコミは、常にその〈何か〉が好む内容だけを伝え、嫌う内容は隠してきた。そしておそらく、その〈何か〉は、今後も思うままに振る舞い続けるだろう。いかなる攻撃も、制裁も受けることなく。

# 第5章　芸能・文化編——モンスターの新しい活動領域

## ただ一人にだとしても謝罪します

二〇一四年二月四日、韓国で、あるTV番組が放映されると同時に、ひと騒動、巻き起こった。騒動の原因となったのは、司会者の男性コメディアン、チョン・チャンウ（鄭燦宇）が着ていた〈服〉だ。彼は、白地にいくつかの赤いラインが入った服を着ていたのだが、いくつものインターネットメディアが次々と「旭日旗を連想させる服を着ていた」と、煽動的な記事を流したのだ。

この話がインターネットを通し、瞬く間に広がると、騒動の原因となったコメディアンは、慌てて自身のツイッターに謝罪コメントを載せた。彼がツイッターに載せた内容は次ページ上のようなものだった。

彼が着ていた服は、旭日旗模様だったわけではない。ただ、旭日旗を連想させる服であっただけだ。それでも、慌てて謝罪をしたのは、これ以上騒動が拡大することを憂慮したからだろう。

彼の謝罪コメントの中で、印象的だったのは「国民の皆様の中の、ただ一人にだとしても、気に障ったのであれば、悪いことをした」という部分だ。彼はその服を買うとき、その服の色や模様を気に入ったから買ったのだと思うのだが、「国民の機嫌を損なう」のであれば、自由に着ることもできないばかりか、謝罪までしなければならないという発想。言い方を変えれば「国民感

お詫び申し上げます。録画した時には、そのような印象を与えるような服だということには全く気付きませんでした。国民の皆さまの中の、ただ一人にだとしても、気に障ったのであれば、悪いことをしたと思います。小さなことにも注意するようにします。

（2014.2.4.　チョン・チャンウのツイート）


情」に障る可能性があれば、個人の自由も諦め、謝罪までもしなければならないという雰囲気だ。

反日モンスターの支配下に置かれている韓国の雰囲気が浮き彫りにされた出来事だった。


近年、しばしば話題になる旭日旗騒動は、説明するまでもなく、韓国が二〇〇〇年以降に新たに持ちだした「言いがかり」である。何故こう言い切れるのかというと、韓国でも類似したデザインを使ってきたし、それを当たり前に目にしてきたが、二〇〇〇年代以前には、誰もそれを問題視することなどなかったからだ。

旭日旗が旧日本軍の連隊旗や軍艦旗として使われていたことを知っている韓国人は多い。だが、それは旗のデザインの一つとして認識されるだけで、それを軍国主義の象徴だとか、日本の挑発だという人はいなかったのである。

実際、私が高校を卒業した、一九九〇年代初頭であるが、日本の格闘ゲーム『ストリートファイターII』が韓国でも大流行していた。こ

V. 일본 록 대표음반 50선

*LOUDNESS/Thunder In The East (Nippon Columbia, 84)*

일본 헤비메틀계에 길이 남을, 말이 필요없는 명반이다. 이 앨범이 발매될 당시에 국내에도 라우드니스 선풍이 대단해서, 어느 스쿨밴드, 아마추어 밴드 할 것없이 이 앨범에 수록된 〈Like Hell〉, 〈Crazy Nights〉, 〈Heavy Chains〉 같은 곡들을 카피하곤 했다. '동양인'이란 핸디캡을 멋지게 극복한 이들의 본격적인 해외진출작이며, 일본과 우리나라의 많은 팀들을 자극하기도 한 앨범이다. 무려 13년전에 발매된 앨범이기는 하지만, 지금 들어도 타까사끼의 기타는 힘이 넘치는 것을 느낀다. 무엇보다도 이 앨범이 올린 빌보드 앨범 차트 74위라는 기록은 다른 어느 동양권 밴드도 아직까지 넘보지 못하는 기록으로 남아 있다. 이 앨범에는 이들이 이전부터 추구하던 브리티쉬 헤비메틀의 분위기가 아직까지 남아 있다. 이 앨범 이후, 이들은 당시 유행하던 LA 메틀의 분위기를 흡입하며 음악적으로 다소 변질되어 갔다. (이원)

**【韓国の音楽雑誌「HotMusic」1997年２月号に紹介された「日本のロックアルバムベスト50」。「このアルバムが発売された当時、韓国でもラウドネス旋風が起き、アマチュアバンドはみんなこのアルバムのコピーに明け暮れていた」と説明されている】**

のゲームの背景には旭日旗が登場しているのだが、私も含め、同時代の青少年たちはその背景を見ながらゲームに没頭したはずなのに、それを問題視する人などどこにもいなかった。

それだけではない。一九八〇年代から韓国で高い人気を誇った日本のロックバンド、ラウドネス（LOUDNESS）のアルバム『Thunder in The East』のジャケットは、確かに旭日旗模様だった。だがこれが韓国で流行った時も、それについて文句を言ったり、批判したりする人はいなかった。

一九八九年には、ラウドネスの来韓公演があった。当時高校生だった私も見に行ったが、会場には旭日旗模様が入ったＴシャツ、グッズを持っている観客がいた。八〇～九〇年代まで韓国人は旭日旗に対して何の嫌悪感も見せなかったのだ。

韓国マスコミが毎回騒ぐ旭日旗論争が、ただの「言いがかり」であることを示すもう一つの根拠は、批判する「対象」である。韓国マスコミは、韓国マスコミがこれまで「旭日旗に類似している」と騒いできた対象よりも確実に、間違いなく類似している、統一教会のロゴや日本の朝日新聞の社旗については、決して触れようとしないのだ。

統一教会は、韓国で多大な信徒数そして豊かな資金を誇る宗教団体で、多くの系列会社を運営する法人でありまた大広告主でもある。そして、朝日新聞は、韓国に友好的な記事を多く掲載してきたため、韓国では「日本の良心」と呼ばれ、大切な味方だと目されている。これが韓国マスコミがこの二つの団体に対し、おとなしい理由である。

だが、いくらそうだとしても、本当に旭日旗に、軍国主義を象徴するという意味があり、使用してはならないデザインだと思うのであれば、韓国マスコミは統一教会や朝日新聞に対しても批判の声をあげるべきだ。それをしないのは、韓国マスコミ自らが「旭日旗論争」はただの言いがかりであることを認識しているからではないか。

これが「言いがかり」だという理由をもう一つ挙げる。それは旭日旗を見て腹を立てるのは、世界中で韓国だけだ、ということである。欧米では様々なポスターや広告に、しばしば登場するデザインの一つであり、反日感情については韓国にも負けないくらいに強い北朝鮮や中国でさえ、旭日旗やそのデザインに反応して韓国のような騒ぎを起こすことはない。韓国は、世界とは全く違う、国外の誰とも共有できない独自の「視点」で世界を見ているのだ。

戦後七十年が過ぎようとしている今、日本統治期を経験した世代や、元慰安婦たちは高齢化し、徐々にその数も減りつつある。韓国にとって被害の〈象徴〉でもある〈生き証人〉が減るということは、日本を批判したり、国内世論を煽る手段が徐々に減っていくことを意味する。モンスターを刺激するエサが、減りつつあるということだ。

これは、モンスターや、モンスターの威を借りて勢力を保ってきた、つまり反日を利用してきた勢力にとって、見過ごすことのできない事態である。反日感情を刺激するための何かが、常に存在し続けなければ、自分たちの権力を維持できないからである。「旭日旗論争」のような〈新しい素材の発掘〉は、彼らにとって死活問題だったのである。

最近の反日論争の主要素材となっているものの大部分は、「旭日旗論争」と同様、戦後何十年間も、誰も問題視してこなかったものが、最近になって急に問題視されるようになったものである。「東海《ドンへ》—日本海《イルボンへ》論争」（今年11月には、スウェーデンの大手家具ブランドＩＫＥＡ《イケア》が近く店舗をオープンする韓国で、同社が販売するインテリア用の世界地図の「日本海」の表記に、「東海」が併記されていないとして、マスコミの強い批判を浴びた）もそうだし、「天皇《チョンファン》—日王《イルワン》呼称問題」もそうだ。

これらの中でも旭日旗論争は、瞬く間に韓国に受け入れられ、今なお大流行中の「ヒット商品」である。突然に登場した素材の中で、これほどまでに気軽に効果的に使われている、日本バッシングの素材は他にはない。この商品が、韓国内でだけ流行し、他の地域では共感を得られない「地域限定商品」であるという点を除けば、まさに理想の商品である。

他国の共感は得られないままに、韓国だけが、それも最近になって突然に、何かにつけて大騒ぎを繰り返しているというのは普通の現象ではないということに、韓国社会は一日も早く気づかなければならない。

## 放射能を嘲笑する有名作家

いつの頃からか、韓国では「호통《ホトン》」（一喝する、怒鳴りつけるの意）や「일침《イルチム》」（頂門の一針。痛烈な批判の意）が、話題を集めるための手段となった。テレビの討論番組やインターネット上などの自分の意見を表明する場において、誰かに対する怒りを表明して見せたり、苦言を呈したりすることだ（その対象は、実際に目の前にいない人の場合が多い）。

主に、アンチファンが多い有名人や、話題の事件などの「悪役」である人に対する「호통《ホトン》」や「일침《イルチム》」が多いのだが、その対象として人気があるのはやはり日本（あるいは日本人）だ。日本を馬鹿にし、インターネット上で脅すようなことをしてみせれば、拍手してもらえるからだ。

小説家李外秀《イウェス》のツイッターは百万人以上のフォロワーがいるほどの人気ぶりだ。韓国で「ツイッター大統領」とまで呼ばれる彼のツイートが及ぼす影響力は無視できるレベルではない。二〇一二年の大統領選挙の際には、彼の人気を意識した与党の朴槿惠《パククネ》、野党の文在寅《ムンジェイン》らが自ら彼に会いに行き、親近感をアピールしてみせたほどだ。

しかし彼が発信するツイートの内容を見ると、韓国の「ツイッター大統領」と呼ばれる人が、このような表現をするのかと情けなくなる。

ことさら驚かされたのは、彼が「放射能」を持ち出して日本を侮辱していることだ。日本では、東京電力福島第一原子力発電所の放射能漏れにより、多くの被曝者が発生した。今なお避難民として生活している人もいる。災害に遭い苦しんでいる民間人がいるのである。そんな災害を持ち出して、嘲笑するなどというのは、人間として冗談でもやってはならない行為だ。

どの国にも、インターネット上で、他人の悲劇や不幸を笑い、からかったりするようなコメントを残す人はいる。だが、韓国を代表する小説家（彼は二〇〇八年にエッセー部門ベストセラー一位を記録したほどの人気作家である）が、ツイッターでこんな暴言を吐くというのは本当にいただけない。

しかしそれよりも情けないのは、この「暴言」に対する批判の声が上がるどころか、インター

日本はしょっちゅう、独島が自分たちのものだととんでもない主張をしています。放射能のせいで、みんな、脳の動きが麻痺したんじゃないですかね？　駄々をこねるのも10歳までならかわいいかもしれないが、それ以上でかくなった奴らがやれば殴りたくなります。ブラウニー※、アイツに噛みつけ！

（2012.9.12 のツイート）

今日は独島の日です。独島は世界がひっくり返る日が来たとしても韓国の領土です。日本はセシウムに寿司をぶちこんで食べるような話※※はもうやめるべきです。

（2013.10.25 のツイート）

※ブラウニーは犬の名前

※※「とんでもない話だ」との意

ネット上で、彼を支持する声が高まっているということだ。意識レベルの高い先進国でこのような発言をしたら、社会全体から非難を受けていてもおかしくないのではないかと思うのだが、相手が日本であるのに加え、独島問題が絡んだために「脳の動きが麻痺」してしまったのかもしれない。

もちろん知識人やマスコミ関係者の中にも、彼の行き過ぎた発言を見て、眉をひそめた人はいただろう。だが、それに対する指摘ができないのが現在の韓国だ。

ひょっとすると、彼の人気は彼の作品ではなく、大衆を喜ばせる発言や、日本に対する「호통《ホトン》」によって支えられてい

るのではないかと思う時がある。残念ながら、彼に対する評価や人気も「旭日旗論争」同様、絶対に輸出不可能な「国内用」に止まることだろう。

## 外国人タレントの暴言

韓国で活躍する外国人の中に、流暢な韓国語を話すことで人気のサム・ハミントンというオーストラリア出身のタレントがいる。そんな彼が二〇一三年にツイートした内容が話題になった。彼は日本の大企業であるカシオやソニーが独島領有権主張を後援する企業だとして、侮蔑の言葉とともに、日本の政治家たちは「クズ」だと切り捨てた。

ここで言及されている独島後援企業というのは、韓国のインターネット上にずいぶん前から出回っている日本企業のリストだ。ここにはユニクロ、マイルドセブン（JT）、資生堂、ファミリーマート、セブンイレブン、ソニー、任天堂、キヤノン、ダイソー、アシックス、トヨタ、ホンダ、ニコン、三菱など、日本の有名企業がいくつも含まれている。

問題は、これが何の根拠もないリストだということだ。

何度かマスコミなどがこのリストの真偽を確かめようと、該当企業に問い合わせなどを試みているのだが、結論は「根拠がない」というものだ。おそらく誰かが勝手に日本企業のリストを作り、不買運動でも起こそうとインターネット上に流したのがそのまま拡散した、というのが真相独島後援企業名簿にカシオやソニーが含まれているのだが…このクズども…俺はこれから時計はどこのブランドにすればいいかな。ゲームももう止めるしかない。本当に大好きな会社だったのに。サイアクだ。独島が日本の領土なら、日本は韓国の領土だ！　ふざけんな。俺は個人的に日本も日本人も嫌いじゃないが、日本の政治家たちは本当にクズみたいだ！

（2013.1.10のツイート）

ではないだろうか。

サム・ハミントンは、何の根拠もなくインターネット上で流れている噂を聞きつけて、無責任な暴言を吐いたのだ。有名人のツイートなどの発言はあっという間に世間に広がることが多い。それがデマだとは知らなかったにしても、彼はもう少し慎重になるべきだった。しかし、「根拠」を重要視しない韓国において、サムを非難する人はだれもいない。むしろ「韓国人よりも韓国を愛する外国人」として拍手が送られ、人気を上昇させるきっかけとなったのだ（彼は今も韓国で人気のタレントだ）。

彼が本当に韓国を愛しているのかはわからない。ただ確実なことは、彼が韓国で「愛される方法」をよく知っているということだ。

## 概念芸能人になる方法

ソン・ジュンギ（宋仲基）という若手の人気俳優がいる。一時期「しっかりした芸能人」と称賛された俳優だ。彼がそんな評価を受けるようになったのは、日本を旅行する様子を放送したテレビ番組がきっかけだ。

東京のあるレストランを訪れた彼は、食事を注文してから、唐突に、女性従業員に「Kimchiはありますか」と尋ねたのだ。すると、日本人従業員はそれに答えようと、日本式に「Kimuchi」と発音した。それに対してソンは「KimuchiではなくKimchiです」と発音の誤りを指摘したのだ。従業員はKimchiの発音ができず、慌ててしまった。彼は「Kimchi, No kimuchi」と、もう一度、強調した。そして従業員が去ると「キムチは韓国の食べ物だ」と言い、次いで「独島は我々の領土」と、何の関係もない言葉を続けたのだ。

これが放送されると、ネットメディアを中心にソン・ジュンギに対する称賛が相次ぎ、ネットユーザーたちは、彼を「概念《ゲニョム》芸能人《ヨネイン》（「概念がある」とは、韓国語では「常識がある」、「しっかりしている」という意味で使用される言葉である）」と呼び、喝采した。

韓国人がKimuchiではなくKimchiだと、執拗に執着するのには理由がある。韓国では「日本が、外国に対しKimuchiという表記と発音で国際規則化を図り、我が国固有の食べ物を、自分たちのものであるかのように宣伝している」という説が広がっている。これは九〇年代に広がった説なのだが、日本が「Kimuchi」という名前で海外に輸出しているために、キムチが日本の食べ物のように誤解されるのではないかという憂慮から生まれた説だ。この説ゆえに、日本式表記、あるいは日本式発音のKimuchiを見聞きすると、「ズルい日本」というイメージを連想する韓国人が少なくないのだ。ソン・ジュンギが「Kimchi」に固執してみせたのは、日本のズルい企みを阻止しようという試みであり、それが韓国の国民に受け称賛されたのである。

しかし、彼の言動は本当に「概念がある」ものだっただろうか。ここで、ソンは従業員の発音を小馬鹿にした後、従業員に聞こえないように「独島は我々の領土」だと呟き、自己満足的な「愛国心」をアピールした。

私の目には子供っぽい行動、それ以上にも、それ以下にも見えない。どの国の言葉にも苦手な外国語の発音はある。日本語母語話者が英語を学習する場合、LとRの区別で苦労するというのがその一例だ。女性従業員が「Kimuchi」という名称にこだわったから、わざとそう発音し続けたわけではないことは、ソン自身がよくわかっていたはずだ。だからこそそれを小馬鹿にしたうえで、ついで韓国人が喜ぶようなコメントを残したのだ。これは視聴者を意識しての言動以外の何物でもない。

もちろん、韓国語母語話者にも、苦手な日本語の発音がある。それを、韓国に来た日本の芸能人がいちいち指摘し、韓国人に聞こえないようにこっそりと「竹島は日本の領土」などと呟いたら、その放送を見た日本の視聴者やメディアはその芸能人をどう評価するだろうか？

とにかく残念なことに、韓国ではそういった行動が愛国的行動だと称賛される。同じような方法で名前を知られるようになった芸能人も数知れない。こんなふうに、簡単に愛国者になれる国も珍しいのではないだろうか。

もし、特定の国家、言語圏の特徴を侮蔑するような言動を恥ずかしいと思い、それを批判する雰囲気が韓国にあったなら、ソン・ジュンギのような行動をする人は現れなくなるだろう。人気商売の芸能人にとって、そんな恥ずかしい行動はマイナスにしかならなくなるからだ。だが日本を批判し、侮蔑するような言動が褒められる韓国の雰囲気が変わらない限り、今後も同じような事例をいくつも耳にすることになるだろう。

## 日本を褒めると「親日漫画家」に

韓国に、ユン・ソインという漫画家がいる。彼はインターネット・ポータルサイト、ヤフーコリアに短編ウェブ漫画「ジョイライド（Joyride）」を連載し、有名になった漫画家である。彼の漫画は日本でも『日本博士Ｊｏｙ』（二〇〇九　キュアアンドケア）というタイトルで出版されている。

ところで、彼には「親日漫画家」という不名誉なレッテルが貼られている。

彼の連載は、日常生活で感じたことや旅行記、日韓文化比較などを中心に描かれていたのだが、日本について描いた内容が、韓国内で批判の対象となったのだ。

日本人が彼の漫画を読んだなら、問題など何も感じない人が多いだろう。おそらく、ただ彼が感じたことをそのまま正直に表現した漫画だという程度に映るのではないだろうか。彼が親日漫画家と呼ばれるようになったのは、日本を比較対象にして韓国を批判するような、逆に言えば日本を褒めるような漫画を多く描いたからだ。

日本の文化、漫画、食べ物を好む彼は、何十回にもわたる日本旅行を通じて、様々な日本の姿を観察した。そして、日本人の親切なところや、清潔さ、几帳面さ、誠実さなどに感嘆し、「我々も日本を見習おう、改善していこう、反省しよう」というように説く内容の漫画をいくつも描いたのだ。それが、多くの韓国人の逆鱗に触れてしまったのだ。

韓国のメディアを見ていると、外国と韓国を比較し外国の学ぶべきいい点を指摘し、韓国社会に改善と反省を促すような内容は、珍しいものではない。だが、一口に外国と言っても、欧米と比較すれば素直に受け入れられる場合が多いのだが、比較対象が日本だった場合には不快に感じ、拒絶反応を示す人が多いのだ。

これは恐らく、長い間、韓国が日本より文化的に優位に立っていたという教育の影響である。日本の長所に言及し韓国を批判することは、一般の韓国人の認識の中では「親日派」でない限りはありえない行為なのである。

彼の漫画が掲載されるたび、彼は批判にさらされ、やがて現代韓国の代表的な「親日派」だと烙印を押された。だが彼が指摘した内容の中で、何が間違っているのか、何がおかしいのかと尋ねたならば、それに具体的に答えられる人などいないのではないだろうか。そして、もし彼が日本と比較せずに、単純に韓国の短所だけを指摘していたならば、批判どころか称賛を受けることさえあったかもしれない。それだけ、彼の指摘は的確であったように思う。問題は「日本」という一点だったのだ。

しかしながら彼の示す日本のイメージは、一般的韓国人の持つ日本のイメージとはあまりにもかけ離れすぎていた。韓国人の多くが日本に対して持っているイメージ、即ち、残忍で、狡賢く、好戦的で、卑怯だというイメージが揺らぐことになる。あるいは、そんな一般的イメージが払拭されかねない内容であった。

これは、韓国内で反日を維持しなければならない人々にとって、相当不都合なものである。彼に対するバッシングはそんな人々にとっては必須だったにちがいない。それでも、不幸中の幸いだったのは、彼の漫画に共感する人もいたということだ。日本の長所や韓国が改善しなければならない点について素直に認める人もいたということは、それだけでも、今後への希望が持てるような出来事である（もちろん、それを実名で表明できる人はほとんどいなかったが）。

彼は今も、漫画家として全国紙に漫画連載をするなど、活発に活動を続けているが、最近は日本をネタにした漫画はほとんど見かけなくなった。もっともそれが、本人の嗜好の変化によるものなのか、社会的雰囲気を考慮して、あるいは気圧されての結果なのかは、本人に聞いてみない限り知ることができないが。

## 日本人選手に勝てば英雄

近年、韓国では「異種格闘技」が人気だ。以前、韓国選手も参戦し活躍していたK－1、PRIDEなどが韓国でも格闘技旋風を引き起こし、ファンの数が増え、異種格闘技戦を放送するスポーツチャンネルも人気を集めるようになったのだ。

ところで韓国人にとってスポーツと言えば、日韓戦は外せない。日本は特別な対戦相手であり、応援する側も異常なほど盛り上がるのだ。

二〇一一年、TBSのバラエティー番組に、韓国人女性格闘技選手、林秀庭《イムスジョン》が出演した。日本のお笑い芸人三名と対決するという趣向であった。この対決は、三ラウンドを日本の男性芸人と争うというものだったのだが、日本の男性芸人は一ラウンドごとに交代するのに、林選手は三ラウンドをすべて一人で戦うというルールだった。

いくら林選手がプロの格闘家であるとはいえ、男女の身体能力の差もある上に、体重も二十キロ以上の差があった。その上、格闘技経験まである芸人たちは、ヘッドギアやプロテクターまで着用していたのに、林選手は何の保護装備もつけていないという、誰の目にも危険に映る試合だった。

心配した通り、林選手は序盤から劣勢で早々にダウンをくらい、容赦ない攻撃に、終始振り回される展開だった。一方的に、殴られ、蹴られ、負傷した。試合を見た人は、おそらく誰もが、林選手に同情し、男性芸人たち、あるいは番組は、少しやり過ぎではないかという印象を受けたことだろう。

試合後林選手は、韓国マスコミとのインタビューで、日本のテレビ局に「前の大会で足を怪我したため、今回の番組企画への出演は難しい」と伝えたが、局側から「どうせ脚本通りのショーで、本気で競技するものではない（から大丈夫だ）」という説明を受け、出演したと明かした。この話を聞き、多くの韓国人が憤怒した。

この事情を聞いた、韓国の芸人、尹亨彬《ユンヒョンビン》は、林選手の復讐を果たしてやると、異種格闘技選手として韓国の格闘技団体に入門した。

そして、二〇一四年、ついにデビュー戦を迎えた。この試合は、対戦相手の日本人選手、高谷《たかや》佃《つくだ》にとっても格闘家としてのデビュー戦だったのだが、韓国マスコミは、まるでこの試合が、国家対抗戦であり、且つ、林選手のための復讐戦であるかのように大々的に宣伝した。
結果は、尹亨彬《ユンヒョンビン》の一ラウンドTKO勝ちであった。韓国では林選手の復讐を果たしたと、称賛の嵐であった。韓国の女性格闘家を苦しめた「日本」に対する復讐がなされたのである。
尹選手の名前は、翌日の朝になるまでポータルサイトの検索語ランキング上位を占めた。ネットユーザーたちは、ニュースや動画に熱狂し「痛快だ」、「雪辱を果たした」、「正義は勝つ」、「きっと尹選手は、相手選手を安倍総理だと考えてKOパンチを繰り出したのだろう」などと歓喜した。

ここで面白いのは高谷選手がほぼ無名の選手であるにもかかわらず、日本人という理由だけで復讐の対象にされ、国民の鬱憤を晴らすためのスケープゴートになったということである。高谷選手は韓国人にも友好的な態度で接する、ごく普通の運動選手だった。そんな彼を倒したことで、多くの韓国人が痛快だと感じたのである。

だが実はその一方で、この対戦の扱いについては、韓国内にも批判の声が少なくなかった。競技と前後して、一部のマスコミでは「格闘技大会の反日マーケティングが見苦しい理由」(2014.1.30　ヘラルド経済)、「林選手のための復讐？　愛国主義熱風が不快」(2014.2.10　オーマイニュース)といった批判も掲載されていたのだ。

残念ながらこのような憂慮表明や批判は、主催者たちには届かなかったらしい。この後も全く同じパターンの対戦が行われたように。二〇一四年八月、その美貌が話題となっていた韓国人格闘技選手ソン・ガヨンと、日本人女性格闘技選手との対戦がそれだ。この試合も、ソン・ガヨン選手、日本人選手の両方にとってデビュー戦だった。この時も、尹亨彬《ユンヒョンビン》の時と同様、試合前から対戦相手が日本人であることだけを強調し、報道した。この作戦は成功し、格闘技ファンという垣根を越え多くの視聴者の注目を集めた。

この試合では、選手紹介の時から「反日感情」という言葉が登場した。日本選手を紹介するリングアナウンスは次のような内容だった。

「三十三歳という年齢、不足した経験、反日感情、スター（ソン・ガヨン）との対決、こんな絶対的に不利な環境を受け入れ、リングへ。勇気ある女性格闘家、山本絵美」

反日感情という表現を取り入れた紹介に、眉をひそめたファンもいたし、ここにこの言葉が入っていることに、主催者側の狙いが表れているじゃないかという批判の声も上がった。

だが、たとえ相手が初心者だろうと小学生だったとしても、多くの韓国人にとって、それは重要ではないのである。重要なのは、日本人に対する勝利、それだけだ。

この試合も、韓国選手の一回ＴＫＯ勝利に終わった。

これまで、両国のスポーツファンを盛り上げてきた日韓戦と言えばサッカーや野球だ。これらは、両国の代表選手がぶつかり合うもので、そこには国家対抗戦という意味があった。だが、尹《ユン》亨彬《ヒョンビン》やソン・ガヨンの試合は、まだほんの駆け出しの格闘家の個人戦である。

それでも、主催者やマスコミが、対戦相手が日本人だと強調するだけで、多くの韓国人が注目し、その結果の勝利に多くの韓国人が酔ったのである。

戦後の日本でも、プロレスが大流行していたころ、西欧のプロレスラーを招聘し、力道山のようなスター選手が彼らを次々と倒していくのを見て、人々が熱狂していた時期がある。この熱狂の根底にはどんな心理が働いていたのだろうか？　その頃の日本人に働いていたのと同じ心理が、今の韓国社会に、日本人が倒されるのを見て快感を覚える韓国人の根底に流れているのだと思う。

しかし、まだ救いを見出せるのは、これらの二つの試合について、ファンの側から「反日感情を利用した」という批判の声が上がっていることだ（主催者側は、反日感情を利用する意図はなかったと否定している）。今や、一般人でも、露骨な反日感情利用に対しては拒否感を表す人も増えつつあるのである。

ここまで紹介してきた例を通して見えてくるのは、韓国では反日感情を持った人々の目に少しでも引っかかったならば（旭日旗を連想させる服のように）、理由や論理など関係なく、頭を下げなければならず、日本を罵倒したり、批判したり、嘲笑して、日本人の怒りを誘発するような行為が韓国人大衆の関心を引き、称賛を得るための手段として利用されているということだ。

そして、そこには下劣な表現（放射能をネタにしたような）が含まれていても（李外秀《イウェス》のように）許され、デマが含まれていたとしても（サム・ハミントンのように）何の責任も追及されず、一度得た名声が地に落ちることもない。

だが私が思うに実のところ、これらの問題を（問題とも思わず）許容する韓国社会の雰囲気こそが、もっと大きな問題だ。

とはいえ、少しは希望を持てるかもしれないと思える材料は、日本の姿をそのまま受け止め、それを表現する人もいて、反日感情を利用することに対し（利用していることに気づき）、反感を覚える人も少しずつ現れているということだ。

ただ、彼らの声はまだ、小さな小さな囁きに過ぎない。韓国社会の恐ろしく危険な空気に対し堂々と立ち向かうには、まだあまりにも小さな動きだ。

ここで明らかになってきたことは、韓国社会の歪んだ反日感情に対し疑問を持ったり、あるいははっきりと批判の声をあげる動きが、常にどこかに存在しているということだ。

次章で紹介するモンスター・バスターズの登場は、これを証明する大きな変化である。

# 第6章　反日モンスターは封印できるか

## モンスター・バスターズの挫折

韓国社会において、徐々に自らの活動範囲を広げ、今や人間の脅威となるまでに〈成長〉したモンスター。この怪物《ケムル》を退治する手立ては残っているのだろうか？

モンスターが韓国社会において、こんなにまでも大きな影響力を持ち、傍若無人に振る舞うことができる要因の一つは、韓国社会に当然のように広まっている、日本についての誤った情報だ。韓国社会では、事実が誇張されていたり、誰だかによって作られた都市伝説が独り歩きしている。その情報のために、韓国人は日本に対し怒りを感じているのだ。そして、それらはモンスターが好む〈エサ〉でもある。

韓国社会に広まっているそれらの都市伝説、あるいは誤った情報を正していくことは、モンスターの〈エサ〉を断つ行為であり、単なる誤りの訂正にとどまらず、反日感情を克服するための重要なステップでもある。

力ずくでねじ伏せることが不可能なほどに大きくなり、力を蓄えてしまったモンスターを退治するためには、時間はかかるにしても、まずは〈エサ〉を遮断し、怪物《ケムル》が弱体化し、人の手に負えるようになるタイミングを見計らうのが得策ではないだろうか。

日本から見れば、韓国は「オール反日国家」のように映るかもしれない。だがそれでも、韓国国内に蔓延している間違った認識を正そうと試みる韓国人がいなかったわけではない。〈モンスター・バスターズ〉、つまり、モンスターを退治しようと試みた人々もいたのだ。彼らは、それが危険な行為であることを認識しつつも、知識人としての、あるいは学者としての良心から、誤った情報が蔓延している現状を無視することができずに、誤りを正そうと試みた人たちだ。

だが結論から話すと、それらの試みの大部分は失敗に終わり、彼らは過酷な代償を払うことになった。モンスターの逆襲を受け、他とは比較にならないほどの大きな傷を負うことになった。

勇気を振りしぼりモンスターを退治しようとした人々が、どれほどの返り血を浴びたのか。それは、〈見せしめ〉として十分すぎるほどの効果をもつ。再起できないほどの重傷だ。同じ目にあわないためにはどう振る舞わなければならないのか、同じことを試みたならどうなるのか、韓国人の頭の中に、しっかりと刻み付けられたことだろう。

## 成功を収めた魔女狩り「水野俊平」

二〇〇〇年、韓国のテレビ界に人気スターが現れた。彼の名前は水野俊平。韓国の全南《チョンナム》大学校大学院国語学科に留学し、日本語講師として勤めた、現・北海商科大学教授である。

韓国に長く滞在し、韓国語が堪能なだけでなく、全羅道《チョルラド》（韓国の南西部に位置する）地域の方言を自由自在に操るキャラクターがうけ、彼は一躍人気者となった。トークショーには欠かせないゲストとして定着し、コマーシャルにも出演。二〇〇三年に韓国国内で行われたアンケートでは、「最も親近感を覚える外国人」の二位に選ばれるなど、当時、韓国において最も愛される日本人であった。

ところが、順風満帆に見えた彼の韓国生活は、〈たった一人の〉韓国人による告発によって、奈落の底へと突き落とされた。

二〇〇三年当時、韓国で人気を集めていたインターネット媒体「オーマイニュース(OhmyNews)」に水野氏を批判する記事が登場した。オーマイニュースは「市民が記者だ」というキャッチコピーのインターネット媒体で、一般人が市民記者として登録し、記事を発信するというシステムだ。

当初は、大型マスコミが取り扱うことのない、市民の日常生活に寄り添ったニュースや、地域ならではの話題を市民記者が発信するという、既存のマスコミの隙間を埋めてくれるような存在として脚光を浴びた。

ところが、このシステムには欠陥があった。無責任な記者たちによって書かれた記事が、何の検証も受けないままに掲載され、全国に伝えられるという例が後を絶たないのだ。誰かを褒め称えたり、あるいは批判したりすることも、個人の主観と感情だけでいくらでも可能だ。「アマチュア」に過ぎなかった人々が、検証を受けずに、けれども、まるで「プロ」の記者のように発言する機会を得たのである。

当然の結果であるかもしれないが、この欠陥を利用する人たちが現れた。例えば、それはある商品を褒め称える広告記事であったり、逆に特定の商品のネガティブキャンペーンを行うための記事であったりした。


ある〈市民記者〉が、オーマイニュースに水野氏を批判する記事を繰り返し発表した。水野氏が韓国においては、親韓的なイメージで国民の人気を得ているのに、日本においては名前を隠して嫌韓的な活動に熱を上げていてケシカランというのが水野氏を批判した理由だ。

水野氏が日本において『韓国・反日小説の書き方』（一九九六　亜紀書房）、『韓国人の日本偽史　日本人はビックリ！』（二〇〇二　小学館）などの本を出版し、韓国における日本についての誤った常識や、異常ともいえる反日的雰囲気について批判していたことは事実だ。

しかし、それらは本当に嫌韓的な内容だっただろうか？

市民記者が発信した記事は以下のような内容である。

オーマイニュースという、一つのインターネット媒体において、約二ヵ月の間に、数回にわたり問題提起と批判が掲載された。この時期、オーマイニュース以外のメディアにおいて、水野氏

筆者による著書『韓国人が見た倭人伝（原題：한국인이 본 왜인전)』において有史以来の韓・日両国の関係を、韓国の文化的優位による外交関係であるとした。１勝１敗で韓国が千年以上日本よりも優位な立場に立ち外交関係を結んできたとしたのだが、彼はこれを韓国人による最も代表的な〈文化伝達偽史〉だと評価している。彼は、韓国人が日本の歴史を低く見ていると憤慨している。韓国の大衆に向かって親しげに話しかけている「水野俊平」氏を親韓的な人物だと即断するには時期尚早だ。壬辰倭乱《イムジンウェラン》（日本名：文禄の役）前に朝鮮に渡り我が国の言葉を流暢に操り、朝鮮の全国を渡り歩き、血眼になり情報収集を行った、玄蘇という僧侶を見ているようで気分が悪い。彼らは、我々をよく知っている知韓派であるにすぎず、決して親韓派などではないのだ。我々は、知韓派と親韓派を区別できるくらいの分別を持たなければならない。過度に外国人を持ち上げたり、人気がありさえすればよしとする放送局も、そろそろ冷静になるべきではないか。
（「日本人芸能人をどう見るか」2003.2.5　オーマイニュース）

韓国にいる日本人たちは、水野俊平氏や産経ソウル支局長である黒田勝弘氏のように日本の国益のために、日本では韓国を酷評し歪曲する…（以下省略）
（「日本において反韓活動展開する朝鮮族の兄弟」2003.3.7 オーマイニュース）

韓国人による、日本に文化を伝達したという偽史について水野（野平）氏は、筆者の著書を、最も日本の歴史を歪曲した「文化伝達偽史」だと、繰り返している。（12p）筆者は、韓日関係を1勝1敗1分けの歴史と評価している。つまり、壬辰倭乱が起こる前、1592年までを韓国が絶対的優位に立つ外交関係とみて、韓国の1勝とし、壬辰倭乱と丁酉再乱《チョンユジェラン》（日本名：慶長の役）を引き分けとみている。韓国が日本に敗れたのは、韓日協定による日帝植民地期間（35年14日間）のみだ。ところが、水野氏はこのような筆者の主張を日本の歴史を歪曲しているというのだが、それこそがとんでもない歴史歪曲である。

（「水野氏の正体は何者か？」2003.2.25　オーマイニュース）

を批判する記事を見つけることはできない。何故ならば、これらの記事は、この時期まではまだ、韓国国民の共感を得るには至らない「個人」の主張に過ぎなかったためだ。

通常、マスコミでは、「ニュースの価値」を考慮したうえで取材し、報道する。だが、オーマイニュースでは、一般市民が記事を自由に作成することができるため、主観的で、個人的事情に基づいた記事が載せられることも少なくない。

水野教授に対する批判もこの一例である。ここに紹介した記事は、１６８ページのものを除けばすべてたった一人の、Ｊ某という「市民記者」が書いた記事である。彼の著書が水野氏に批判されたことに対し、個人的な不満を抱いていた人物によって書かれた記事だったのだ。

水野「教授」と呼ばれ（実際彼は、ある国立大学の講師として活躍している）、最近マスコミに報道されたところによると、韓国において「最も人気のある外国人」ランキング２位に選ばれるなど、広く知られている彼が、韓国の学会を何のためらいもなく踏みにじるような行為をしていることにはオドロキである。少なくとも、大学の講壇に立っている人間が、学術的な研究結果を、まるで人民裁判にかけるかのように、学術領域の外に引っ張り出して、『けったい本』などとレッテルを貼って非難することは、どう見ても正当な行為だとは評価できない。それも、韓日古代史という、韓日間において敏感な部分に対する学術研究の結果を、アマチュアレベルで不当に批判するなどとは、日本人水野「教授」の本性を疑いたくなる。（中略）水野氏の行動には本当に理解しがたい部分がある。この本が日本で出版された時には『韓日戦争勃発!?』（2001　文芸春秋社）というタイトルをつけた。この時、水野氏は「野平俊水」という仮名（あるいは筆名）を使っていた。学術的な研究書を、自身の名前を明かさずに批判するということ自体が倫理的ではない。彼のこのような行動は、韓国語版を出す際に、序文に対談形式で彼が言及した「醜い韓国人」が匿名で韓国を悪意的に表現しているというのと、どんな違いがあるというのか？　しかも、この韓国語版の『けったい本批判（原題：엉터리책비판）』では、本名である水野俊平という名前を明かし、テレビによく登場する水野「教授」の人気を意識しているのか、自身の写真まで表紙に載せている。これは、韓国人の知的レベルを低く見ているか、愚弄しているようにしか見えない。このような傲慢な態度の人間が国立大学の講壇に立ち、さらには国営放送に長期的に出演しているなどということ自体が、我々のレベルを示しているようで苦々しく思う。

（「玉石を区分できない水野氏の『傲慢』」2003.3.26　オーマイニュース）

水野によって選定された34冊の本は、批判を超えて「ゴミ」になってしまったようだ。だが水野の選定には、明らかに無理のある部分があり、実力以上の本に対し批判にもならない批判を加えている点も目に付く。結論を言えば、水野の『けったい本、韓日戦争勃発!?』を分析した結果、この本は、あるいは彼が強く批判した本以上に『けったい本』であることが明らかになった。水野がけったい本を書いたことは、結局、韓・日両国民間の健全な交流を妨害し、日本人に、悪い韓国人観だけを広める悪性腫瘍のような行為にすぎない。
(「水野の『韓日戦争勃発!?～韓国けったい本の世界』は何を狙ったのか？」2003.3.27　オーマイニュース)

この後も、J氏は執拗なまでに、水野氏を攻撃した。やがてオーマイニュース以外の媒体も動員されるようになった。インターネット媒体や、忠清《チュンチョン》の地域媒体を中心とし、水野氏への集中攻撃がなされたのだが、その記事を書いたのは大部分がJ氏で、それ以外の記事において引用された情報の提供者もJ氏であった。

水野氏への攻撃は、J氏の主張がきっかけとなり始まった。彼の記事に、韓国マスコミが好んで報じる「憎むべき日本人」が登場したため、複数媒体が、彼の記事を掲載したのだ。そして、そのことが彼の名前を世間に広めた。

一方、水野氏は反論する機会すらも、まともに与えてもらえないまま、「韓国を愛した日本人」(韓国人からの最大の賛辞と言ってもよいだろう）という称号を剝奪され、「日本右翼」（韓国人の敵愾心の表れである）という烙印を押されたのである。

勤務していた全南《チョンナム》大学校も辞めることになった。インターネット上の魔女狩り《マニョサニャン》に留まらず、全南大に、彼の雇用に対する非難と抗議が殺到したのだ。そして同じことが、水野氏が全南大を辞めた後、新たに赴任した韓国内の別の大学でも起こった。結局、彼は韓国を離れることになった。同じことが再び起こるリスクを考えたとき、当時の韓国に彼を雇用しようと手を挙げることのできる大学はなかっただろう。

水野氏が韓国を離れることについて、同様に長い間韓国に住み、韓国の姿を観察してきた産経新聞の黒田氏は、次のように語っている。

韓国を去る理由は韓国社会の〝反日〟である。彼は日本で何冊かの本を出版しているが、そのなかの韓国批判がケシカランというのだ。とくに歴史教科書問題での韓国側の日本非難に対し、逆に韓国における「歴史歪曲《わいきょく》」を詳細に指摘した「韓国人の日本偽史」（小学館文庫）などがヤリ玉にあがり、「親韓の裏で反韓をやっている裏切り者！」と非難を浴びせられるようになった。とくに彼をもてはやしたテレビが一転して「〝極右ミズノ〟の正体を暴く！」などと非難に回った。

結局、長年いた大学まで〝追われ〟たため、これを潮時に故郷の北海道に戻り北海商科大学教授になった。夫人は韓国人で子供は三人。「韓国では多くのモノを得ました」といつもの笑顔だったが、国際化を言っている韓国社会の依然、残念な断面である。


2006.3.18「ソウルからヨボセヨ『韓国を去った人』」産経新聞

事実、水野氏が「誤り」であると指摘し、批判した内容の多くは、韓国の研究者たちからも指摘されていた内容だったのだ。

仮に、当時の韓国に水野氏の提起した問題を真摯に受け止め、検討してみるだけの余裕があったなら、彼の問題提起は韓国にとって間違いなくプラスに働いていたはずだ。そして、そんな韓国の姿勢こそが、水野氏が望んでいたものではなかっただろうか。

だが、その内容について検証しようという努力はなされず、学者たちは沈黙した。そして、マスコミはこの事態を客観的に報道しようとするどころか、一方の、つまり韓国人であるＪ氏の意見だけを聞いて、日本人である水野氏を叩くことに協力したのである。

## 水野氏を攻撃する記事一覧

| 日付 | メディア名 | 記者(または寄稿者) | 情報源 |
|---|---|---|---|
| 2003.2.5 | OhmyNews | J氏 | J氏 |
| 2003.2.25 | OhmyNews | J氏 | J氏 |
| 2003.3.1 | 在外同胞新聞 | J氏 | J氏 |
| 2003.3.7 | OhmyNews | J氏 | J氏 |
| 2003.3.26 | OhmyNews | イ・ムヌン | — |
| 2003.3.27 | OhmyNews | J氏 | J氏 |
| 2004.12.12 | BreakNews大田忠清版 | J氏 | J氏 |
| 2005.1.22 | 天安日報 | J氏 | J氏 |
| 2005.2.3-2.7 | Dailian | J氏 | J氏 |
| 2005.5.24 | 忠清毎日 | J氏 | J氏 |
| 2005.7 | 月刊新東亜 | J氏 | J氏 |
| 2005.7.19 | ヘラルド経済 | ソ・ビョンギ | J氏 |
| 2005.8.12 | 霊岩新聞 | 取材チーム | J氏 |
| 2005.8.19 | 時事ジャーナル | キム・ウンナム | J氏 |

ところで、このようにたった一人による復讐のような「水野叩き」は、一体何を目的に行われたのだろうか。

## それは選挙用の「経歴」になった

Ｊ氏が再びマスコミに取り上げられたのは、二〇〇六年二月のことだった。彼は、当時の政権与党、開かれた《ヨルリン》ウリ党に入党し、出身地である忠清地域で五月に執り行われる地方選挙に、党の公認候補として認めてもらおうと手を挙げたのだ。政治家になろうとしたのである。

この時、彼がアピールした主な「経歴」の中の一つが、「日本右翼の正体を暴いた」というものであった。いうまでもなく、ここで日本右翼と言っているのは水野氏のことである。これについては、彼の出馬を報道した媒体が「Ｊ氏は、日本留学後帰国してからは、故郷でＮＧＯ環境運動と並行し、日本右翼や、現代版親日派の正体を暴くことに尽力した」(2006.2.20 dtnews24）という言葉とともに、彼の著書『水野教授と日本右翼（原題：미즈노 교수와 일본 우익)』を紹介していることからも、裏付けられる。

彼が、「水野叩き」以前にも日本についての著書を出す等の活動をしていたことは事実であるが、実際に彼が、一般に名前を知られるようになったのは「水野叩き」による成果である。そして、少なくとも結果的にそれは、政治家になるための「手段」として活用された。

最終的には、彼は公認を受けることができず、目的を達することができなかった。そして、彼は選挙直前に、公認候補選びが不公正であるとして開かれた《ヨルリン》ウリ党を脱党し、その後は、開かれた《ヨルリン》ウリ党に対立する政治家を支持するようになった。

万が一、彼が政治家としてデビューすることに成功していたら、それは、日本にとっても韓国にとってもマイナスの影響を及ぼす事例の一つになっていたことだろう。もし、日本人を売ることで知名度を上げることが効果的な手段だと証明してしまっていたら、間違いなく第二、第三の水野狩りが起こっていただろう。

政治家を目指したJ氏の野望は頓挫したが、彼の執拗な批判によりバッシングを受け、韓国を去ることになった水野氏の名誉は依然として回復されずにいる。もし、今からでもマスコミが過去のことを振り返り、反省の姿勢を見せたなら、少しは将来に期待が持てるようになるかもしれない。だが、残念ながら今のところそのようなマスコミは現れていない。

### 親日派を弁護した作家「卜鉅一」

一九四六年生まれの小説家卜鉅一《ボクコイル》は二〇〇三年、『死者のための弁護―21世紀の親日問題（原題：죽은 자를 위한 변호―21세기의 친일문제）』という異色の評論集を出版した。主に小説や

詩を書き、韓国を代表する文人として広く名前を知られている彼だが、これまでにも時々、社会批判的な評論集を出してきたため、彼の評論集ということ自体は珍しいことではない。

この本が異色だというのは、韓国社会に於いてタブーとなっている「親日派に対する弁護」を試みているという点である。

この本は、日本統治期の朝鮮の社会、経済、文化的側面について踏み込んだ観察を行い、分析した、相当に真摯で理論的な書籍である。多数の歴史記録や統計をもとに論じられた、五百ページを超える分厚い本で、文人の著書というよりは、社会学者の学術書と言ったほうが正しいかもしれない。

彼は、本が出版された二〇〇三年ごろ「親日の真実糾明」という大義名分の下に起こった「歴史審判」に対し「生きている人間とは違い、亡くなった人々は、連合を組むことができない。彼らは皆、孤独な眠りの中で、自分の弁護をする機会も持てないままに、後代の人々の宣告を受けるのだ」と、懸念を示し、「自身の弁護をすることのできない人々のために、一種の責任を負っていることを感じた」と、執筆の意図を語っている。

彼は西洋の学者の言葉を引用し、「日本の植民統治下において、朝鮮の人々は政治的には、ひどく劣悪な立場にいたが、経済的にはそれ以前よりはるかに良い状態であった」、「ほぼすべての証拠が、朝鮮の人々が日本の植民統治下で、朝鮮の王族による統治下にいた時よりも遥かに恵まれた状態を示しているという、外国人歴史学者の評価を支持する」とした後、一九六〇年代以降の韓国経済の発展も、日本による、強制的開化によるものであると述べている。

これは、韓国人が持っている「常識」とは完全に相反する主張だ。韓国では、学校教育を通じ、日本統治期は、政治的地位だけでなく、経済、文化的にも〈地獄〉のような時代だったと教えているのだ。日本統治期には、朝鮮半島にプラスになるようなものは一つとしてなかったというように国を挙げて教育しているのに、卜《ポク》鉅一《コイル》氏の主張は、これを真っ向から否定しているのである。

## 竹島問題は国際裁判所に任せよ

彼の、〈奇想天外な〉主張は、それだけに留まらなかった。彼は「独島領有権問題について、少しでも譲歩しようとする政権は、韓国においても、日本においても、一ヵ月ももたないだろう。ゆえに、問題を解決しようとするよりは、避けて通ることが、現状においては最も現実的な方法である」としながら、「我々が選択できる最も賢明な方法は、おそらく、問題を国際司法裁判所（International Court of Justice）の判断に委ねること」だと、韓国では公には誰も主張したことのない方法を提示したのだ。

韓国では、この問題を国際司法裁判所に委ねることは、ずいぶん前から「不当だ」、「それは日本の思うツボだ」という理由で否定されてきた。独島は１００％間違いなく韓国の領土であるのだから、国際司法裁判所に行く理由も、必要もないというのが韓国政府の基本的立場だ。

だが、一般人や専門家の意見とそれは一致しているだろうか？　韓国の裁判官であり、独島問題を研究しているジョン・ジェミン判事は、マスコミのインタビューに対し、次のように本音を語った。

「日本はこれまでにＩＣＪ裁判官を三人も輩出しているが、我々は輩出していない。我が国には国際法の教授がいるとはいえ、領土紛争を専攻した人は、日本に比べ不足していると思う。日本はすでに三回も国際訴訟を行った経験があるが、我々には（その経験が）全くない。三回も経験がある人間と一回も経験がない人間とでは相手にならない。そして、我々は論理的に完璧ではない」（2014.8.16　オーマイニュース）

韓国政府はただ、国際司法裁判所に行く必要がないと主張しているが、専門家たちの相当数はそれを「憂慮」している。そしてマスコミは毎年のように「我が国の領土だということを証明する地図、史料が発見された」という報道を繰り返しているのに、その「根拠」をもって国際司法裁判所の認定を受けようと主張することはできずにいるのだ。

このような状況下において、韓国の著名文人である卜鉅一《ポクコイル》氏が提示した方法は、韓国政府や、政府の主張をそのまま国民に伝えてきたマスコミに対する挑戦であった。彼は孤立無援で戦わなければならなかった。

## 実体のない「民族精気」批判

二〇〇〇年代に入り火が付いた「親日真相糾明運動」を推進した人々は、戦後、親日派に対する断罪がきっちりなされなかったために、民族精気《ミンジョクジョンギ》が取り戻されなかったのだと主張する。ゆえに、今からでも親日派を断罪し、民族精気を取り戻せば我が国はよりよくなるはずだというのだ。

これについて卜《ポク》氏は「民族主義的性向の強い人々が、特に喜んで使う言葉だが、相当あいまいな概念だ。それを定義することは難しく、推し量ることも、現実的には不可能だ」と明確に批判している。

実は、この「民族精気」という言葉は韓国の反日と密接な関係にある。非合理的で、説得力のない主張でも「民族精気」という魔法の単語さえあれば、支持を得ることができるのだ。その事実を示す代表的な例は一九九五年の、朝鮮総督府庁舎解体である。

一九二六年に朝鮮王宮である景福宮《キョンボックン》の前に建てられた朝鮮総督府は、日本の朝鮮統治を象徴する建物であった。終戦後には、「中央庁」と名を変えて、韓国政府の庁舎として使われた。その後、庁舎は移転され、一九八六年からは博物館として利用されていた。これを一九九五年に、当時の大統領金泳三《キムヨンサム》が「民族精気を取り戻す」という名目のもとに解体してしまったのだ。

これには韓国国内からも反対意見が多く上がり、解体に反対する人々により撤去禁止仮処分が申請された。だが裁判所までもが「民族精気を取り戻すために、すぐにでも行うべき全国民に与えられた使命」だと、政府側の主張をそのまま受け入れた棄却処分を下した。韓国の近代建築を代表する建物の一つであった、旧朝鮮総督府庁舎はこうして、跡形もなく消え去ったのである。

政府が主導したこの解体劇には、法的根拠に基づいた名分も、妥当性もなかった。そこにあったのは、論争や反対を押さえつけることのできる「民族精気」という魔法の単語だけだ。卜氏はその魔法を二〇〇〇年代に再び活用しようとしているのが「親日派清算」の嵐だと端的に指摘したのだ。

卜氏は「民族精気が社会の発展に大きく貢献するという主張にも根拠がない」として、不要な混乱が社会にマイナスの影響を及ぼしていることに警鐘を鳴らした。彼の指摘は至極まともなものであったが、「反日」を利用しようとする勢力にとっては、合理的な指摘というのは〈障害物〉以外の何物でもない。
後日、卜氏はモンスターへ挑戦した大きな代償を払うことになる。

## 日本右翼の主張を代弁、と罵倒

卜《ボク》氏の主張は、日本の朝鮮統治に対し肯定的な立場だけを取ったものではない。彼は、「日本の植民統治は実に厳しいものであり、残酷で、朝鮮社会の正常な進化を不可能にした」として、政治的な側面においては、冷静に批判している。

彼が、最終的に伝えようとしていることは、親日派や日本に対し韓国人が抱いている「憎悪心」に対する憂慮であり、それは捨てなければならないということである。憎悪は標的となる個人や集団に留まらず、拡散する傾向があるのだが、それが度を越えたのなら、社会の構成原理までも揺るがしかねないというのが彼の主張である。

もし、これが韓国以外の国家においてされた主張であったなら、穏健で、合理的で、多くのデータに基づいてなされた彼の主張は、肯定的な評価を受け新しい見解として受け入れられていたかもしれない。

だが、韓国において、韓国人の反日感情の最も基本的土台である「日本統治期」、「独島」、「民族精気」について韓国の常識と全面的に対置される彼の見解は、社会の怒りを買う以外の成果を挙げることができなかった。それまで韓国を代表する文豪と讃えられていた彼ですら、マスコミの書評をはじめ、インターネット上で集中砲火を浴びることになったのだ。

文化日報《ムンファイルボ》は「卜鉅一《ポクコイル》氏『日帝時代　朝鮮人たちは良い生活をしていた』」と、韓国人を刺激するには十分過ぎるほどのタイトルで、痛烈な批判を下している。「卜氏は、全五百三十四頁にわたる論評の、三分の一を割いて、植民地時代の人口推移を含めた、主に数量的な史料を通じて、植民統治肯定論を展開している」として、卜氏の主張を植民統治肯定論だと断言した。その上で「日帝植民統治に肯定的である日本の学会の評価材料をごちゃ混ぜにした自身の誤った世界観を元にしたもので、書評する価値もない」とした、ある大学教授の言葉を引用しながら全否定した。

東亜日報《ドンアイルボ》は「植民地の現実に目をつぶっていることも、著者の『意図』の表れである」とし、卜氏が、不純な意図でも持っているかのように〈推測〉し評価した。

反日性向の強い国会議員たちのグループ「民族精気を打ち立てる国会議員グループ」の会長である金希宣《キムヒソン》民主党議員は「卜氏の主張は日本の右翼や、軍国主義復活を夢見る勢力の立場を代弁したもの」として、親日派擁護に対する強い不快感を示した（皮肉なことに、金希宣《キムヒソン》本人も後日、父親の親日疑惑のために屈辱を受けることになったのは第2章で述べたとおりだ）。

まったくもって幸いなことに、教職についていた人々とは異なり、彼は自宅でおとなしく文章を書く文人であったので、職場に解任しろという脅迫電話やメールが殺到することはなく、職場前での抗議デモが行われることもなかった。けれども、マスコミ報道やインターネットを通じて、彼は韓国の代表的な親日派であるとレッテルを貼られ、鼻つまみ者になった。自身が弁護しようとしていた人々（親日派）と同じ〈分類〉に含まれるようになるという皮肉な結果となってしまったのだ。

だが、これはモンスターの立場から見れば、素晴らしい「防衛戦」であったことだろう。著名な文人である彼の主張が、韓国社会に受け入れられていたなら、反日感情の重要な土台であり、モンスターにエネルギーを供給するための重要な要素である「日本に対する常識」が傾いてしまう可能性があったからだ。

## 「収奪論」否定者の受難

ソウル大学校の李栄薫《イヨンフン》教授は、韓国の近現代経済史分野の権威者である。二〇〇四年以前には、一般人にはさほど知られていない学者のひとりであった。二〇〇三年に公開セミナーを開催し、「古代史から近現代史に至るまで、神話交じりである」と、民族主義の色彩が強い、既存の「国史（韓国史）」解体を主張した時にも、一般人には、脱民族主義を主張する学者という程度にしか映っていなかったはずだ。

彼の主張が、一般に知られるようになったのは、二〇〇四年、日韓の学者たちが共同で著述した『国史の神話を超えて（原題：국사의 신화를 넘어서）』（二〇〇四　ヒューマニスト）が発表された時からだ。彼は、この本で、韓国の高校生たちが学ぶ国史に誤りがあり、まともな検証がされないままに学校で教えられているため、その内容をそのまま受け入れたなら日本は「悪の化身」のように映るであろうと指摘した。次の文章は彼の主張の一部である。

「わが民族の歴史において、日本は悪の化身だった」去る1993年、日本の東京で開かれた両国歴史学者たちの会合において、ある国史学者が何の躊躇いもなく言い放った言葉だ。日帝の支配政策が、韓国型近代の成立においてどのようなベクトルで作用したのかということについての分析的考察は、このような精神世界に居る国史学者たちには、ほぼ神聖冒瀆といってもいいような出来事であった。（彼らにとって）日帝による支配は、終始一貫して、韓国民族からの収奪と抹殺に奔走したもので、それ以外の何物でもなかったのだ。

国史学者たちにより、そのような神話が作られ、国民教育を通じ広く普及したことを示す良い事例として、日帝が「土地調査事業（1910〜1918）を通じて、全国の農地の40％を略奪した」という国史教科書の叙述を挙げることができる。元々、そんな主張は植民地期の学術論文はもちろんのこと、独立運動家たちの最も煽動的な演説にすら見ることのできない内容である。それが、1950年代に日本に留学していた李在茂《イジェム》という一人の青年により、初めて「考案」されたのだ。彼は、日帝が土地を収奪するために、所有権意識が非常に弱い農民たちに複雑な申告の手続きを強要し、その悪賢い策略の結果、多くの未申告者が発生すると、（彼らの土地を）国有地として没収した後、日本人の会社や移住農民に捨て値で分配したと主張した。なんらかの実質的根拠を示すこともなく、ただ、机上の論理で考案したこの新しい神話は、大韓民国の国史学者たちにより、さらにそれらしく飾られ、国史の名のもとに広く普及した。例えば、教科書に出てくる農地の40％という収奪の割合は、教科書を執筆していたある国史学者が、そうはいっても何らかの数字が必要だろうと考え、適当に書いておいたものに過ぎない。最近の教科書では、筆者を含む批判者を意識して、その部分を「国土の40％」とこっそり修正したが、論理的にも実証的にも通じないのは同様である。

現行の国史教科書によると、日帝は「土地の略奪」に続き「食料の収奪」を行ったらしいのだが、提示されている図表によると、その割合は、一時に生産されるコメの総量の半分を超過していたという。植民地期の朝鮮と日本は関税が廃止された自由貿易を媒介した一つの市場圏として統合されていた。その市場において成立した価格機構の適用により、大量の朝鮮米が日本に輸出されていたのだ。それが収奪だったという根拠を国史教科書は、日帝が「米穀と各種原料を安値で買っていった」という簡単な記述で片づけているが、筆者から見れば到底納得できない、暴力的な論理である。

筆者が知る限り、戦時期以前の植民地期に成立した米穀の自由市場において総督府が価格を統制したことはなく、さらに先に述べた（国史教科書の）記述が示すように、米穀貿易に直接携わったこともなかった。大量の輸出は、輸出する側に大量の資本を蓄積させることになり、それによってもたらされた市場と産業の発達は、経済学の精巧な論理により解剖されなければならない。暴力的で、限りなくあいまいな神話は、今後、大韓民国の国家競争力の源泉をなす若者たちの理性を麻痺させるだろう。筆者の講義を受講する、高校を卒業したばかりの大学生たちは、筆者のアンケート調査によると、90％以上が、総督府が銃や刀を振り回し、コメの50％以上を供出させたという認識を持っていた。そんなふうに農地の40％以上とコメの50％以上を銃や刀で略奪したのだとすれば、その日帝は「悪の化身」以外の何者であろうか？　筆者は大韓民国の国史教育がその複雑多端な近代史を、そのように単純かつ暴力的な神話で片づけている限り、派手な政治的スローガンを掲げていても、先進国の仲間入りをするのは不可能であると考えている。

二〇〇四『国史の神話を超えて（原題：국사의 신화를 넘어서）』P.93〜P.95　ヒューマニスト

彼はここで、日本に土地を奪われ、コメを略奪されたというのは「神話」であると指摘し、正確な根拠もなく、日本を悪であるとのみ表現する歴史叙述に対し憂慮を示した。

これだけでも、韓国社会では、「異端」扱いを受けるのに十分な主張であるが、本の紹介がマスコミで報道されても、大きな反響はなかった。一般人を対象にした本というよりは、研究書に近い専門書であったためであろう。

翌年の学会において、日本統治期に、経済生産能力が徐々に増加したという発表をした時にもマスコミは「一般的国史学会や経済史学会の立場とは相反する主張だ」（2004.2.26　聯合ニュース）という程度に評しただけで、それについて非難するような内容は見当たらなかった。

韓国の教科書は、日本統治期の朝鮮半島を、一方的な収奪や略奪でのみ叙述しているのだが、このような教科書叙述は、学生たちに日本を「悪の化身」のように思わせる要因の一つである。もし仮に、「収奪」ではなく、李教授の主張するように「輸出」と叙述されていたなら、学生たちが抱く日本のイメージも「悪の化身」とは、少し違った姿になるだろう。

李教授は、その点を憂慮し、改善を促したのだ。彼の提言は、誤った神話を「修正」することで、日本を「悪」と考えるようになるプロセスを弱めるためのチャンスとなりうる重要なポイントだった。

このように、誤った常識を指摘し、日本に対する正当な理由のない憎悪心をなくしていくことは、韓国社会の反日感情を弱体化させる役割を果たすだろう。モンスターが好む流言飛語、都市伝説等が定着できないようにし、モンスターの出現と活動を止める役割を果たすことができるに違いない。

これは、学者としての良心、そして想像を絶する勇気が必要な行動であるのだが、モンスターの立場から見れば、李栄薫《イヨンフン》教授は自身の〈エサ〉(反日的な内容)と〈仲間〉(根拠のない反日的内容を記述する人々)たちを排除しようという〈脅威〉に他ならない。モンスターは自分の邪魔をしようとする学者の存在を許したりはしなかった。

## 絶対的タブー「慰安婦」に触れる

終戦後に生まれた世代の憎悪心をなくそうと試みた李栄薫《イヨンフン》教授はやがて、とんでもない騒動に巻き込まれることになった。それは二〇〇四年九月に放送された、ある深夜番組から始まった。番組の主題は「歴史真相糾明論争」で、当時、盧武鉉《ノムヒョン》政府が推進していた政府の「日本統治期親日行跡調査、親日派選定。そしてそれについての法的制裁」が果たして正しいのか、そして、問題点は何かということについての討論だった。

当時、与党開かれたウリ《ウリン》党および左派性向の政党では「民族精気《ミンジョクジョンギ》を打ち立てる」という名分の下、これが強硬に推進されることが望まれており、朴槿恵《パククネ》が当時代表を務めていた保守野党は、これに懐疑的な立場をとっていた。そこで、同じ懐疑的立場をとる李栄薫《イヨンフン》教授が出演することになったのだ。

李教授は、歴史を現在の物差しで判断し法的制裁を加えることに対し懐疑的な意見を述べ、歴史を整理するのであれば韓国社会の反省も伴わなければならないのに、自分たちが反省することについては消極的な韓国社会の姿について、指摘した。ここまでは大きな問題になることはなかった。この後に出てきた慰安婦動員の「強制性」についての話で、李教授は学者としての「良心」を刺激されたようだ。
この時の対話を紹介する。

李栄薫《イヨンフン》：
最近、ある研究者が、韓国戦争（朝鮮戦争のこと。一九五〇～一九五三〈休戦〉）のとき慰安所があったということを証明したのだが、韓国軍隊が日本軍隊から学んで、韓国戦争のとき、そのようなことをしたのだという論文を発表した。ところで、これについて韓国社会はおとなしく、何の反応も示さずにいる。そして、その後も大韓民国政府の合法的な支援の下、米軍などの慰安婦が数十万名いた。それらの点について何の自己反省もないままに、今日提起されている、政略的に提起された歴史清算について、法律的な問題として線引きし、解決しようということ自体が、研究者の立場として正しい清算とは評価できない。

宋永吉《ソンヨンギル》（与党国会議員）：
まず、李教授が、日帝時代の挺身隊《ジョンシンデ》問題と、今、米軍部隊の慰安婦問題を同一視するのが誤りではないかと思う。今、最も論争となっているのは、日本右翼主義者たちが今なお主張する、日帝時代の挺身隊は総督府や国家権力のレベルで強制動員したものではなく、商業的な一種の公娼制度の形態で、自発的に参加したというものだ。このように彼らは、詭弁を弄している。だが、これらはすでにいくつもの証拠史料によって明らかになったように、朝鮮総督府の権力により強制的に連れていかれ、一種の性奴隷状態となっていたために、根本的にレベルの違うものだ。

李栄薫：今おっしゃった内容は、誰が主張されているものですか？　どの学者が主張した話ですか？

宋永吉：何がですか？

李栄薫：今、朝鮮総督府が権力により、慰安婦を強制動員したというのが明白だとおっしゃいましたが……。

宋永吉：

そういった資料が、今、出ているということをご存じないんですか？

李栄薫：いや、韓国挺身隊報告書を読んでいらっしゃらないから、そのようなお話をなさるのでは……。

宋永吉：はい？　では朝鮮総督府が、強制動員したのではなく自発的だったと……??

李栄薫：時間がありませんから、詳細には（説明できませんが）……私は表現自体には賛成しますが、先ほどのお言葉が正しい認識とは……（違うと思う）。

宋永吉：では、日本とほぼ同じ認識をしているんですか？

李栄薫‥
はい？

宋永吉‥
日本が主張する内容と、同じ認識を（持っているんですね）。

李栄薫‥
ですから、今、善悪により人を判断しようとされているようですが。

宋永吉‥
私は善悪について言っているわけではありません。日本の見解と同じなのかと聞いていま
す。

李栄薫‥
違います。私が、この法律（親日反民族行為真相糾明法）を否定したことはありません。

司会者：（二人を止めながら李教授に）これは、善悪の問題ではなく、歴史事実についての問題かと思いますが。

李栄薫：何故、突然、日本と（見解が）同じなのかなどという質問をされたのですか？

宋永吉：日本が、そのように主張しているため、そう聞いたんです。

司会者：そうですね。その部分については少し整理して進みましょう。李教授は、挺身隊問題をどうご覧になりますか？

李栄薫：挺身隊に関する二千点余りの史料が……私は、日本の学者たちについて敬意を表します。我が国の学者たちも努力していますが、そこ（日本の資料）に大きく依存している部分があります。それによると……一つの犯罪行為が起こったことは、権力だけによって起こったのではなく、そこに参与した多くの民間人がいました。そして、その民間人は、例えばピンプ（ぽん引き）と呼ばれ、韓国の女性を管理したのは、韓国の業者たちでした。その名簿もあります。

司会者：
その名簿は日本の史料ですか？

李栄薫：
そうです。主に上海の方のもので、その業者の名前も全て記載されています。そして、考えてみましょう。今の世界にさえ首都の真ん中で、女性をショーウィンドーに閉じ込めて性売買する国は他にありません。

（李教授へ出演者たちの揶揄）

李栄薫：
大分、脱線してしまいましたが、我々がこの問題について語るとき、我々自身を省みるようになれば、真の意味で歴史を清算することができるのですが、この問題について、何人が（政府の親日真相糾明作業に）選ばれるのかわかりませんが、法的なカテゴリーとして……。

司会者：
（言葉を遮って）李教授のおっしゃることはわかりますが、挺身隊問題を性売買問題とつなげてお話しされるのは、無理があるんじゃないですか？

李栄薫：
挺身隊問題が、韓国戦争と、そして解放後の韓国で事実上存在している米軍慰安婦と関係ないとおっしゃいましたが、そのように認識されているということは、私には非常に遺憾です。

魯会燦《ノフェチャン》（野党国会議員）：
従軍慰安婦について、日本政府に責任がないと言うのですか？

李栄薫：
日本政府に責任はあるでしょう。性奴隷を管理した責任があります。

魯会燦：
ところで、我々が今、日本の民間人を問い詰めるようなことをしているわけでもないのに、最も核心的な問題を避けて、何故そんなふうにお話しされるのか……。

李栄薫：
この問題は、法律的に切り取ってしまうと実態が見えなくなり、かえって少数の人々だけがスケープゴートになりかねない……そこ（慰安所）に行った、実際に慰安所を利用した兵士たちの問題はどうなりますか？

（どよめき）

魯会燦：

知識人たちが、卑怯な態度をとってきたせいで、歴史が今まで清算されなかったんです。
李栄薫：
そうですね。その卑怯であったことを自省し、認めた上で次世代に引き継いでいく歴史学にならなければならないのに……。
宋永吉：
一言よろしいですか。道徳的省察が必要ですが、反民族行為を行った人々自身が、道徳的省察の必要性を感じることができない世の中になってしまいました。

2004.9.2『MBC　100分討論「歴史真相糾明討論」』より

李教授はここで「強制徴用は明白だ」という主張に対し、その根拠は何かと問うている。討論の席で、情報の出所が問われたのであるから、報道したマスコミ名であったり、書籍名、報告書名など、具体的な名前を挙げるか、それができなければ「今すぐには答えられませんが、確認して後ほどお話しします」などとするのが正常な対応ではないだろうか。

ところが、根拠の要求に対する返答は、あまりにも「韓国式」なそれであった。「それじゃぁ、自発的なものだったというのか」、「日本と同じ主張なのか」という乱暴で、どう見ても理性的だとは思われない切り返しが堂々と展開されたのである。

仮に、中世の宗教裁判において、地球を中心にして宇宙が地球の周囲を回っているという主張に対し、天文学者が「その根拠は何か？」と聞いたなら、宗教家たちはどんな反応を示していただろうか？　そこで逆切れしたように「教会が間違っているというのか？」、「異教徒たちと同じ主張をするのか？」などと詰め寄られたら、天文学者たちは言葉を失うのではないだろうか。これと同じだ。

李教授は、これとまったく同じ経験をし、困惑し、不快に感じたのに違いない。それで、「なぜ日本と同じかという質問をするのか」と不満を言葉に表したのだ。

幸いなことに、討論自体は、声を荒らげるようなことなく終了した。しかし、この討論の余波は激しいものだった。放送が終わると同時に、インターネット上では李教授に対するバッシングが始まり、翌日、九月三日の日刊紙は「挺身隊のお婆さんたちの血の涙がショーだというのか」(2004.9.3　ハンギョレ新聞)、「ソウル大は李栄薫《イヨンフン》教授を即刻解雇し、謝罪しろ」(2004.9.4　オーマイニュース) などといった刺激的なタイトルの記事が相次いだ。

慰安婦問題に敏感な挺対協《ジョンデヒョップ》（挺身隊問題対策協議会）は、放送の翌日声明を発表し、李教授の発言は日本右翼の中でも極右翼から出る主張であり、驚愕し、憤怒しており、日本人の暴言により傷ついている被害者たちの息の根を止めるような行為だと主張した。また、このような植民地史観を持っている人間が、国立大学の教授としての資格があるのか疑問であり、李教授は被害者と国民の前で公開謝罪をしたのち、自ら辞職しソウル大も李教授を罷免しろと声を荒らげた。

最も狂気的な反応を示したのは、やはりインターネット上である。怒りで我を忘れたかのようなネチズンたちが、放送局のホームページやソウル大のネット掲示板で、李教授を攻撃した。そこは、読むに耐えない暴言や非難の言葉で埋め尽くされた。

この状況を見ていられなくなったのか、ソウル大学の同僚教授が実名で、ソウル大学経済学部の掲示板にコメントを載せた。

「（李教授は）史学的・政治学的・経済学的すべての面に精通しているだけでなく、多くの史料について自ら分析してきた最高レベルの学者である。ここにコメントを書いた学生たちが、どれだけ素晴らしい中学校、高校を出ているのかは分からないが、歴史教育をもう一度受けなおしてもらわないと困る。勉強するか、それとも、刃物を振りまわして李栄薫《イヨンフン》先生と私を刺すか」

同僚学者の危機を見かねての勇気ある発言であったが、これがさらにネチズンたちを刺激してしまい、掲示板は、まさに〈炎上〉してしまった。

李教授に対する社会的バッシングはここに留まらなかった。インターネット新聞、オーマイニュースは李教授が慰安婦を公娼だとした、などと彼がしてもいない発言を彼の発言として、大きく報道した。そして、慰安婦問題を扱う挺対協《ジョンデヒョップ》は、李教授の発言を確認しないまま、李教授が慰安婦を公娼だと言ったことを前提として、前述の非難声明を発表したのだ。

歴史真相糾明事業を事実上推進していた、与党開かれたウリ党《ヨルリン》内の女性委員会（委員長・金希《キムヒ》宣《ソン》）の国会議員たちは、挺身隊を性売買業者になぞらえた李教授の発言は「妄言」であるとし、ソウル大を訪問し辞職を求めると脅しをかけた。

だが、国会議員によるこのような干渉は学問の自由への脅迫以外の何物でもない。しかしそれでも、これに憂慮を示すマスコミも、知識人もいなかった。ここで李教授に味方すれば、同じ目にあうのではないかと恐れたのだ。

ここまでに紹介した以外にも、李教授には、悪意に満ちたメール、電話、手紙が次々と届いただけでなく、研究室には卵が投げつけられるなど、精神的にも肉体的にも辛い思いをすることになった。

実は、二時間におよぶ討論における、李教授の発言の比重はさほど大きくなかった。李教授が攻撃を受けることになった理由は、「総督府という国家権力による強制動員」という部分に対し疑義を唱え、韓国社会の常識を覆したこと、そして、日本軍慰安婦を「米軍慰安婦」と比較したことの二点に集約される。米軍慰安婦は韓国において「洋公主《ヤンコンジュ》（洋娼を指す蔑称）」と呼ばれ、後ろ指を指される存在である。それを自らに咎がない「被害者」である日本軍慰安婦と比較したことは、日本軍慰安婦たちに対する冒瀆だと受け止められたのである。

放送から四日後の九月六日、李栄薫《イヨンフン》教授は、元慰安婦たちの住居施設「ナヌムの家」を訪れ、「自分の意図は、慰安婦のお婆さんたちを貶めるものではなかったが、それで傷ついたのであれば謝罪します」と頭を下げた。

しかし、「ナヌムの家」の住民たちは冷淡にも李教授の謝罪を受け入れなかった。マスコミのカメラが回り続ける中、李教授は何人ものお婆さんから罵倒された。そして彼はそのこと自体と、そんな姿が全国に報道されているという事実に耐え続けなければならなかったのである。

李栄薫《イヨンフン》教授は、後日この一連の事件を回顧し「韓国では慰安婦研究と市民活動は、朝鮮の純潔な少女の性を日帝が思うがままに蹂躙したという、大衆的な認識を土台にしており、すでに、個

人の力では逆らう勇気さえも出すことができないほどの、権威と権力に君臨しているようだ」(『大韓民国物語(原題:대한민국 이야기)』二〇〇七)と、慰安婦問題に対する議論の提起が韓国においては、非常に難しいと吐露している。

彼のいう、「逆らうことが難しい権威と権力」こそが、韓国社会において、マスコミや、学問に脅威を及ぼす社会体質、「反日モンスター」の正体である。

以後、李栄薫《イヨンフン》は韓国の代表的「親日」学者だという烙印を押され、その影響は十年の月日が流れた今なお残っている。李教授が指摘した「悪の化身」という日本のイメージもそのままだ。

## 朴裕河事件——脅かされる学問

二〇一四年六月。韓国でとある「異様な」騒動が起こった。

二〇一三年八月に韓国で出版された世宗《セジョン》大学の朴裕河《パクユハ》の著書『帝国の慰安婦——植民地支配と記憶の闘い(原題:제국의 위안부—식민지지배와 기억의 투쟁)』が、名誉を毀損されたとする九人の元慰安婦によって販売差し止めの訴えを起こされたのだ。具体的には、名誉毀損の刑事裁判、二億七千万ウォンの損害賠償を求める民事裁判、そして本の販売差し止め、という三つの訴状が裁判所に提出された。

それでは、この本のどのような内容が、元慰安婦たちの名誉を毀損したというのだろうか。

この本は、慰安婦問題が起こった経緯から、市民団体や日本政府の対応、そして一般人たちにきちんと知らされていない、慰安婦と慰安婦問題について言及したものだ。韓国、日本の両国に対しそれぞれ問題提起し、批判的意見を述べており、私の個人的な感想を言えば、この本は慰安婦に対し同情的な視線で書かれており、どちらかといえば日本に対して、より批判的に書かれているように思う。

朴裕河《パクユハ》教授がフェイスブックに転載した、法廷提出用答弁書に記載した執筆意図を見ても、それは明らかだ。彼女はそこで「決して慰安婦たちを罵倒しようとしたものではなく、日本に協力せざるを得ない構造を作り、加担させた日本を批判するためのものだった」と述べているが、元慰安婦たちは、この本の何に対して憤怒したのだろうか？

朴教授は、前述の答弁書において、本が出版されてから十ヵ月もたったこの時期に訴訟を起こされた理由を「本自体の問題というよりは、本の内容を歪曲して慰安婦のお婆さんたちに伝えた周囲の人々の読解力と、それ以外の政治的要因」ではないかと解説している。ここで政治的要因というのは、「慰安婦問題に対する既存の研究と運動を批判した自分の主張が世間に浸透することに対する、憂慮と危機意識を持った人々の判断」であるという。つまり、韓国社会の「常識」に合わない新しい主張が韓国社会に広まることを懸念した勢力が反発したのではないかというのだ。

訴訟を起こした側では「慰安婦たちに対し『売春』という表現を使い、慰安婦たちを卑下《ヒハ》した」、「慰安婦たちを『日本軍の協力者』と侮蔑した」、「慰安婦たちが性的搾取と虐待を受けた被害者であることを否定した」、「公共の利益に反し、潜在的危険性をもつ本」などと批判している。

しかし朴教授は、韓国社会の一般的な認識、つまり強制的に連れていかれた少女の姿が、朝鮮人慰安婦の中心的姿ではないということを述べただけであって、同じ女性としてむしろ慰安婦たちの側に立ち、日本軍の朝鮮人軍人には保証されていた補償が、慰安婦には法的に存在しなかったという構造を指摘し、日本に対し責任を逃れないよう追及している。おそらく、客観的立場からこの本を読んだならば、朴教授の、この意図を十分に把握できただろう。

だが、この訴訟を巡る韓国マスコミの反応は、全くもって客観的ではなかった。慰安婦支援団体に論調を合わせ「日本右翼の論理を代弁した本」(2014.7.22　聯合ニュース)、「衝撃を超え驚愕」(2014.6.16 朝鮮日報)などと報道した。さらには、「告訴で対応する」などと朴教授が言ってもいないことを事実かのように報道し、国民の怒りを煽り立てたのだ。

このような報道に接したネチズンのバッシングは、いつものことではあるが、強烈だった。親日派という批判はもちろんのこと、クビにしろという声が飛び交い、朴教授の家族や故郷についてなどのプライバシー領域まで調べ上げる、いわゆる「ネチズン巡査隊」まで登場した。巨額の訴訟を通じて、学術的な本や学者にまでも手枷足枷をつけ自由を奪い去ろうとするこのような雰囲気に憂慮を示した人がいなかったわけではないが、彼らはあくまでも「少数派」であり、新聞やTVに出て朴教授を擁護しようとする人はほとんどいなかった。

朴教授を擁護しようと進み出たのはむしろ日本側の人物であった。

若宮啓文《よしぶみ》前朝日新聞主筆は、東亜日報《ドンアイルボ》に寄稿し「異論はあっていいし、議論は大いに結構だが、司法に訴えて自由な言論を封ずるのは韓国の民主主義にとってプラスであるまい」と裁判にまで持ちこまれることになったことに憂慮を示した後、「朴教授を『右翼の代弁者』と呼ぶ方々には、ぜひお願いしたい。それなら教授を支持する私のことも、これからはぜひ『右翼の代弁者』と呼んでいただこう」と、朴教授を積極的に支持した。

しかし、韓国内の朴教授批判は収まらなかった。九年も前までさかのぼり、二〇〇五年に朴教授が発表した『和解のために――教科書／慰安婦／靖国／独島（原題：화해를 위해서 - 교과서／위안부／야스쿠니／독도）』という本が、文化体育観光部が選定する優秀教養図書に選ばれたことがあることまで調べ上げ、選定を取り消すように働きかけるなど、魔女狩りに近いようなヒステリックな反応が相次いだ。

因みに、この『和解のために』も『帝国の慰安婦』と同様、日本に対し批判的な立場に立ちながらも、感情的な対応ばかりをしてきた韓国に対しても自省を促している本であって、十年近い期間、大きな批判を受けたこともなく、逆に肯定的な評価がなされてきた本だ。

だが、「親日」に関する問題であれば、百年前の出来事まで持ち出して、現在の基準に照らし合わせ善悪判定を下す韓国においては、九年という月日もそれまでの評価も、考慮する必要すらないものなのであろう。

面白いのは、『和解のために』の日本語版についての対応だ。この本は日本でも翻訳出版され、二〇〇七年に朝日新聞主催の大佛《おさらぎ》次郎《じろう》論壇賞を授与されている。仮に、韓国の文化体育観光部が優秀教養図書選定を取り消さなければならないとするのであれば、同じ本に対して賞を授与した朝日新聞の選定基準に対しても、一言あってしかるべきではないだろうか。

だが韓国内から、朝日新聞に対して批判の声が上がることはなかった。朝日新聞は韓国において日本の右翼と戦う日本の「良心的マスコミ」だというイメージが定着しているからだ。そのため、文化体育観光部に対しては批判の声をあげても、朝日新聞に対しては沈黙するという矛盾には目をつぶらざるを得ないのだ。

実のところ、朴教授の主張は、日本を擁護しているわけでも日本の論理を合理化しているものでもない。むしろ国家、社会が蹂躙してきた女性の人権問題について放置、傍観してきたことに対し、誰よりも批判的だ。それにもかかわらず、韓国内において大きな反発を招いてしまったのは、「既存の常識」に対し異論を唱えたからであろう。慰安婦に対する誤ったイメージ、すなわち十代半ばの慰安婦が拉致されるようにして連れていかれ、性的搾取を強要されたというのが慰安婦の全てではなく、そればかりを強調することは効果的ではないという指摘である。

もし彼女の主張に対し、真摯に受け止め自省する姿勢があったのなら、日韓両国において慰安婦問題を国家間の自尊心や政治的要素ではない、新たな視点から解決策を見出すためのチャンスとなっていたかもしれない。

だが、韓国内には、そのような建設的な動きを不快に感じる、ある「存在」がいて、その「存在」を守るため、今回の魔女狩り《マニョサニャン》、そして訴訟騒動が起きたと見て間違いないだろう。その存在というのはもちろん、韓国社会の「反日」をエサとして生きているモンスターである。

慰安婦支援団体は、「女性の人権」を強調し、様々な活動を行っているのだが、彼らが本当に「女性の人権」を重要視しているのかについて、私は大いに懐疑的である。

慰安婦たちの住居施設である「ナヌムの家」の所長はツイッターでも朴教授を批判していたのだが、彼がリツイートしている内容を見ると、驚愕せずにはいられない。ツイッター上でも朴教授に対する批判の声は多いのだが、「ナヌムの家」の所長が他人のツイートをリツイートする内容の中には、「教授の仮面をかぶる日帝の娼婦」といったような暴言も含まれていた。女性教授を「娼婦」とする乱暴な表現者を窘《たしな》めたり、憂慮するどころか、〈リツイート〉という、間接的ではあるが共感を示したのである。これが果たして女性の人権を訴える活動をしている人間のすることだろうか？

彼らのいう「人権」とは一体なんだというのだろうか？

二〇一四年六月に始まった、朴教授の裁判騒動は十一月現在進行中である。辛くて長い戦いになるだろう。彼らは、巨額の賠償金を求めるのと同時に、販売差し止め、慰安婦への接近禁止、過去の本に対する優秀教養図書選定の取り消し等の処置を求めている。

だが、これらの要求は、真摯に学術的な立場からこの問題に近づこうとする学者たちを萎縮させ、今後の活動に対しても大きな制約を付加する要求である。これだけでも、学問という世界において大きな損失であることは疑いようがない。

さらに、もし仮に、朴教授が今回の訴訟において大きな被害を蒙ることになったとするなら、これは韓国社会で生き残るために絶対にやってはいけない「悪い見本」として、人々の脳裏に刻まれるに違いない。朴教授の研究に類似した研究、主張ができる研究者はこれ以降現れなくなるだろう。

そして、それは「モンスター」が望んでいる結果の一つに違いない。

ここまで、例として紹介してきた人々はいずれも、韓国の過度な反日の現状と誤った知識を修正し、韓国の感情的な対応や主張をやめさせようとした人々だ。にもかかわらず彼らの問題提起に対し、不愉快に思い、あるいは脅威と感じる韓国社会の「空気」のために、とんでもないバッシングを受ける結果となった。

反日という名の狂気、そして憎悪心を減らしていくためのチャンスを失ってしまったことを、韓国人として非常に残念に思う。

彼らは、直接的にモンスターに対して攻撃を加えたわけではない。しかし、怪物《ケムル》の力を弱めるための間接的な試みさえも、あっけなく失敗に終わってしまったことに、モンスターの底力を感じるとともに、この経験がモンスターの力をより強化し、韓国社会の負の遺産として影響力を及ぼすであろうことに懸念を覚えずにはいられない。

# 第7章　モンスターに立ち向かうゲリラたち

## 朝日誤報騒動と批判勢力の不在

二〇一四年八月五日、朝日新聞に「慰安婦」に関する特集記事が載った。韓国社会とも大きく関わる特集記事である。朝日新聞は数次にわたり吉田清治氏の証言を引用報道してきた。これについて長い間、批判を受けてきたのだが、ついに、「済州島を再取材しましたが、証言を裏づける確証は得られませんでした」とし、これまでの「強制連行」に関する一連の記事が誤報であることを認め、取り消したのだ。（吉田清治の証言とは、日本統治期の済州島で、アフリカの奴隷狩りのように若い朝鮮人女性を軍令で捕獲・拉致し、強制連行したという吉田の手記に登場する話であり、この話は長い間、慰安婦のイメージとして語り継がれてきた）

ところが、事態はそれだけで沈静化しなかった。誤報を認めただけで、謝罪することをしなかった朝日新聞に対する批判の声があがった。さらに、朝日新聞にコラムを連載していた池上彰氏が、そのコラムに朝日新聞の態度を問題視する内容の原稿を寄せたところ、朝日新聞が掲載を拒否したことが明るみに出ると、朝日新聞に対する批判の声は一段と強まった。これに対しては、朝日新聞の内部からも、記者等が自分のツイッターなどで、朝日新聞に対する失望や批判的なコメントを発信した。ここにきて、ようやく事態の重大さに気付いたのか、九月十一日になり、朝日新聞の社長が謝罪会見を開いた。

しかし、八月の特集から始まった朝日新聞に対する批判は、社長の謝罪会見後も続き、日本国内のマスコミ、そして世論は朝日バッシングの手を緩めなかった。

事実、吉田氏の主張は韓国に根深く息づいている「都市伝説」のうちの一つだ。韓国のいくつもの書籍の中には、吉田氏の主張がそのまま引用されているし、天安《チョンアン》にある独立記念館には彼の証言をそのまま再現したような、若い少女たちが日本軍のトラックに強制的に乗せられていく様子を示したジオラマが設置されている。そして、これらが韓国人たちに、日本に対する「憎悪」を芽生えさせるための素材の一つとなっていることは言うまでもない。長い間、韓国社会において、モンスターのための〈エサ〉として機能してきたということである。

あまりにも遅い対応ではあったが、朝日新聞が誤報であると認定し、謝罪したことについては評価すべきだ。ただ、この一件は、韓国人という私の立場からは、ある意味、残念な出来事でもあった。それは、この「都市伝説」を取り上げ、廃棄するのは、日本のマスコミではなく、韓国人の手によって行われるべきであったのに朝日新聞に先を越されてしまった、という意味においてである。

朝日新聞は、今回の一件により、多くの読者の信頼を失い、いくつも叱責を受けた。しかし、今回の一件があったことにより、朝日新聞は今後記事の作成に当たり、これまでよりも一層、綿密な取材を行ない、慎重に真偽を確認するようになるだろう。そうなれば、今回の一件は、長い目で見たときに朝日新聞にとってプラスに作用するはずである（信頼回復までには、ある程度の時間が必要であるにしても）。

だが、韓国はどうだろう？　その機会を永遠に逃してしまったのではないか。もし、韓国が朝日新聞よりも先に、吉田証言の誤りを指摘し、朝日新聞に対し苦言を呈することができていたなら、はるかに肯定的な結果が期待できていたのではないか。

実は、吉田氏の証言が事実ではないことを一番最初に報道していたのは、韓国の地方紙である済州新聞《チェジュシンムン》であった。もし、その時点で、済州新聞の主張を韓国社会がしっかりと検証し、認定していたなら、この都市伝説は、今のように定着する前に消えていたはずであり、日本国内に「原罪意識」が、韓国内に「憎悪」が、広がることを事前に食い止められたはずである。だが、韓国は見なかったふりを決め込んだ。結果、反日感情を量産し続ける「モンスター」がこれほどまでに巨大化する前に弱体化し、退治するチャンスを逃してしまった。

この事件において私が感じたことは、間違ったことなら、誤りであるとはっきり言える済州新聞の人のような勢力と、それを許容し受け入れる姿勢が韓国には必要だということだ。だが、現実はどうだろうか？　この答えのような出来事がつい最近、持ち上がった。

## 産経支局長起訴は韓国内の論理

二〇一四年十月、韓国で日本マスコミに対するバッシングが起こった。日本の保守系新聞である産経新聞の前ソウル支局長、加藤達也氏に対する起訴事件が発生した。二〇一四年八月三日付で加藤氏が記載した記事の中で「朴槿恵《パククネ》大統領が旅客船沈没当日、行方不明に……誰と会っていた？」と、朴大統領の私生活に言及したことに対して、親朴槿恵《パククネ》系の市民団体が名誉毀損だと提訴したのである。韓国検察は、加藤氏を三回にわたり召喚し、調査したのち、十月に起訴した。

この事件について、日本国内では言論の自由が侵害されたという批判が相次ぎ、「国境なき記者団」や海外マスコミも「朴政権が言論の自由を弾圧した」として、加藤氏に対する措置を撤回するよう、韓国政府に要求している。

一方、韓国マスコミの反応は二つに分かれている。保守系のマスコミは、産経新聞を批判し、未確認の情報を報道したことに対する適当な「措置」であると検察や政府の側につき、リベラル系のマスコミは、産経新聞を積極的に擁護することはしないものの、政府や検察の措置が「国際的恥さらし」であり、「混乱を自ら招くような暴挙」であると批判してみせた。

国際世論が「やりすぎだ」という雰囲気でほぼ一致しているにもかかわらず、保守紙はいつも通りに産経叩きに夢中になり、朴槿恵《パククネ》政府のやることであれば何でも批判するリベラル紙でさえ、産経新聞を擁護することはない。これは、韓国は保守であろうがリベラルであろうが、これまで産経新聞を「極右新聞」と国民に宣伝し続けてきたことと関連している。本書でも繰り返し述べてきたことではあるが、韓国には、一度「善」と決めたなら「絶対的な善」、一度「悪」と決めたなら「絶対的な悪」と、評価を変えない傾向がある。一度、「日本の極右」と決めたら、それは批判すべき対象であり、仮に政府や検察の措置に問題があったとしても、産経新聞を擁護するわけにはいかないのである。仮に、そんなことをすれば、自分たちが「極右を擁護した」と非難を受けることになるからだ。つまり、ここでも「空気」を読まないわけにはいかないのである。

仮に、韓国が日本を過剰に意識せず、反感を持っていなかったなら、どうなっていただろうか？　韓国内で日本に先立って捏造だということが明らかになっていた吉田証言を放置することもなかったかも知れないし、韓国マスコミが産経新聞前ソウル支局長に代わって「言論の自由」を政府や検察に訴えるようなことも起こっていたかもしれない。だが、そういったことを妨害する〈存在〉、すなわち、この本で繰り返し述べてきた〈モンスター〉のために、それは実現しえない状況なのである。

「空気」を読んでいるのはマスコミだけではない。加藤前支局長の裁判において弁護を担当している弁護士がフェイスブック上で明かしたところによると、産経側は当初、韓国内の大手法律事務所に弁護を依頼したが、断わられたために自らが担当することになったのだという。

法治国家における弁護士の使命というのは、被告がどんな人物であろうと、法律の名の下に「基本的人権を擁護」し「社会正義の実現のために」、被告に代わって主張や弁護をし、真実を究明することである。しかし、その当たり前の仕事にさえ躊躇して、依頼人を見放してしまうことはやはり、モンスターがどれだけ脅威であるかを物語る一例と言えるだろう。

インターネットや交通の発達により、世界との距離は徐々に近づいている。そんな中で、唯一、日本に関連することだけは、韓国内でのみ通用する論理がまかり通っている。今回の一件は、それを国内外に如実に示してしまった悪例であろう。〈韓国以外の〉世界中の多くの人々が、韓国の価値観に驚き、失望したのではないだろうか。

実際、アメリカ国務省サキ報道官の「米政府は言論の自由、表現の自由を支持し、これまでも韓国の法律に懸念を示してきた」という言葉に代表されるように、国際世論はこの事件を言論に対する弾圧、脅威と見ている。

「全て産経新聞が悪い」と言わんばかりに、連日産経を叩いている韓国（特に親政府性向の）マスコミの論調は、はっきり言って国際社会からひどく〈孤立〉している。

前章でモンスターの退治が必要だと立ち上がった人々（モンスター・バスターズ）の試みの顛末について述べた。だが、まだ全てが終わってしまったわけではない。怪物《ケムル》退治の必要性を感じ、それに挑む勢力は、（極僅かであるにせよ）まだ韓国内に存在しているのだ。彼らは、静かに行動を始めている。

## 匿名の戦場「インターネット」

匿名性が保障されているインターネット上には、様々な意見が存在する。もちろん、その中には、悪戯やデマを流すような、よろしくない現象も混在する。だが、その中には事実だけを述べ、既存の常識に疑問を投げかける人々もまた存在する。……たとえ少数であるにしても。

実際、韓国のインターネットコミュニティ、掲示板、ブログ、フェイスブック等を探してみると、独島《ドクト》問題に対する韓国の主張の中に誤りがあることを指摘したり、元慰安婦の証言を検証し、矛盾があることを指摘したり、マスコミの日本に関連する記事の中に間違いがあることを見つけ出し指摘したりするような内容を見出すことができる。

私は、彼らが、反日モンスターに抵抗するための力になるのではないかと考えている。彼らは姿を現すことのない「ゲリラ」だ。

彼らの特徴として、匿名性と自己（自民族、自国）批判の二点を挙げることができる。まず、匿名性について話をすると、彼らが主張するような、韓国社会がこれまで維持してきた常識とは真っ向から対立する内容を、実名を出して主張することが、どれほどまでに危険な行為であるかについては第６章で紹介した例を見てもらえば想像がつくかと思う。匿名性は自由な主張をするために今のところ不可欠である。

匿名で戦っている彼らは、実名で自身の意見を自由に表明できずにいる研究者や有名人に代わる役割をしているともいえる（ひょっとすると、研究者や有名人の中にも匿名で活動している人がいるかもしれないが）。

独島、慰安婦のような韓国社会が敏感に反応する内容を掲示板にあげれば、激しい反発や非難、暴言が寄せられ、いわゆる「炎上」状態に陥ることは日常茶飯事である。それでも、彼らが、それらの問題について引き続き検証作業を行い、情報を共有する活動を続けられるのは、インターネット上では「匿名」での情報交換が可能だからだ。

ゲリラの中の一人、と私が見ている人物に、有名ブロガーA氏がいる。

韓国の教科書や歴史学者たちの主張の中に誤りがあることを見つけ出し、批判する内容を掲載したことで、一般のネットユーザーたちから親日派、売国奴だと罵倒されている人だ。一方で、学術論文にも劣らない膨大な量の史料を緻密に調査したうえで書かれたA氏の記事は、少なからず読者たちに衝撃を与え、支持者の数も徐々にではあるが増えつつある。
だが、そんなA氏にも危機は訪れた。執拗にA氏の個人情報を追跡していた反対勢力が、彼の名前と職場まで調べ上げ、勤務先にクレームの電話、メールを入れるなどの嫌がらせを繰り返した。大企業の会社員だったA氏はプレッシャーを感じ、活動を縮小せざるを得なくなったという。

一般人だとしても、大手企業の会社員や公務員たちが、独島、慰安婦、親日派問題について、韓国社会の常識とは異なる発言をすることは、命取りになりかねない。ストーカーのようなクレーマーが、所属している集団、つまり会社や役所に対して抗議活動を始めるからだ。
学術的に意見を述べた大学教授に対してさえも、解任しろとデモを行い、抗議することを当たり前にやってのける人々にとって、大企業に対して脅しをかけたり、官公庁に対し抗議することなど朝飯前だ。

しかしインターネット掲示板で、検証されていない都市伝説を拡散させている人々とは違い、ゲリラたちは根拠を示したうえで、自分たちの主張を紹介している。学術論文や書籍を引用するのは当たり前で、外国の論文や記事、古文書などを調査して「異説」を唱えているのだ。

私見であるが、韓国国内の事なかれ主義的な学会で発表されている論文よりも、彼らの主張の方が価値があるのではないかと感じられることも少なくない。もちろん論文としての構成力や、洗練された文章という意味においては見劣りする部分もあるかもしれない。だが、既に決まった結論に辿り着くための強引な論理展開を厭わない多くの（もちろん全員ではない）研究者たちとは異なり、証拠を積み重ね、韓国社会のタブーへも踏み込んだ問題提起をしていることは十分評価に値するだろう。

彼らのレベルを甘く見てはいけない。そこらの記者や知識人たちより専門的な知識を持つ人々もいるし、研究者による論文や著書に対し、確たる反証を以て挑むケースも少なくないのだ。

私がこれまでに見てきた中で、一番緻密な論理展開で、深い内容だと舌を巻いた主張は、ある元慰安婦の証言を検証した記事だ。前述したA氏の書いた記事である。彼は元慰安婦の証言を紹介した後、それを徹底的に検証、その証言を信頼することができないとした。

彼は、慰安婦が連行されたと主張した当時の地図を提示し、移動距離、時間についての陳述に対する問題を提起し、慰安婦が乗車したとする汽車の当時の時刻表や路線図、乗換駅まで調査し、証言の中の矛盾を指摘した。

彼は主観を排し証言の事実の検証にのみ、終始した。彼は慰安婦が受けたという被害自体を否定することも、慰安婦問題に対する持論を展開したりすることもしなかった。ただ証言の中の一部には、起こりえない内容が含まれているということを、淡々と指摘したのだ。

その後の判断は、彼のブログを読んでいる人々に任せた。読者の中には「もしかしたら他の陳述の中にも間違いがあるのかもしれない」という疑問を持つ人もいただろう。その中には自ら、もっと多くの史料にあたってみようとした人もいるかもしれない。逆に、ただ「慰安婦の記憶が曖昧になってきているんだな」と考えるだけで終わらせた人もいることだろう。

しかし明らかなことは、A氏がたとえ少数だとしても一部の人々には相当な衝撃を与え、その発信が検証の必要性を強く認識させる重要な機会になったということだ。


同じく私がゲリラの中の一人だと見るB氏は、独島問題についてSNS上で異説を唱える若者だ。

彼は、韓国側の行ってきた主張やマスコミによる記事の中にある「間違い」を指摘する活動を行っている。彼もA氏同様、独島がどの国の領土なのかについては言及せず、判断を読者に委ねるというスタイルだ。彼の記事もまた、読者に衝撃を与え、話題となっている。

私は彼に、そういった問題提起をするようになったきっかけは何かと尋ねたことがある。彼の返答は、前述した「A氏のブログ記事を見て影響を受けた」というものだった。

ゲリラたちの活動は、身分を隠しての活動ではあるが、たとえ少数に対するものであれ、認められ、着実に影響を及ぼしているということである。

最後に、彼らが「自己批判をすることができる勢力」であることについて触れたいと思う。韓国人は幼いころから、知らず知らずのうちに自国に対する自負心と優越意識を植え付けられる。

それは例えば、韓国人はＩＱが高いということを誇り、ハングルが世界で最も科学的な文字だと誇り、多くの欧米の強大国よりもオリンピックでたくさんの金メダルを獲得したことを誇り、世界で最も優秀でたくさん仕事をする「勤勉さ」を誇り、それらを国内外に宣伝する行為である。

だが、その裏側に対しては、誰も触れず、もちろん批判などすることはありえない。つまり、例えば、ＩＱは高いが成人の識字能力はＯＥＣＤ平均以下[注3]であること、ハングルが最も科学的な文字だという主張は韓国人による一方的で主観的な主張であること、オリンピックで金メダルを取るために行われているエリート教育には明らかに問題もあるということ、労働時間は長いが生産性は低いということなどに対する批判は決してしてはならないという暗黙のルールが存在する。

韓国で、自国の歴史や文化に対する批判をするためには勇気が必要だ。

しかし、ここまで紹介してきた「ゲリラ」たちには、そんなタブーが存在しない。先代の過ち、愚行、悪行に対し、容赦ない批判を浴びせ、現代韓国社会の過度な優越主義、愛国心の強調に対し、激しい拒否感を示す。

一部の勢力からは、彼らのこのような傾向は「過度に卑屈」、「自虐的」だと批判されている。しかし、このような自国批判は無から生まれるわけではない。自国批判は、過度な優越主義や愛国心強調に対する反発から生まれたのだ。

ところで、実は韓国のインターネット上に見られるこの新しい風潮の発生は、日本からの影響によるところが少なくない。インターネットの普及、そして日韓間の意見交換を可能にした自動翻訳掲示板などの登場により、日本のインターネットユーザーと韓国のインターネットユーザーとの直接的なやり取りが可能になったことが契機である。

歴史問題について日韓ユーザーの間で討論が起こった時、少なくない韓国側ネットユーザーが、日本側ネットユーザーの提示する史料、つまり動かしがたい根拠によって、何度も論破された。もちろん、討論に参加していた当事者たちはどうにかして言い訳をしたり、論戦を曖昧に終わらせることで、日本の主張を認めずに終わらせたりするケースも多かったが、客観的に両側の意見を眺めていた人の中には、討論に参加していた韓国側が次々と論破されるのを見てショックを受けた韓国人もいたのである。そして彼らの中の一部は「懐疑論者」に生まれ変わった。

彼らは、日韓間の討論を傍観しながら、感情による一方的な主張よりも、正確な史料を基にした主張の方がはるかに威力があることに気づき、「イデオロギー」や「民族感情」ではなく、「数字」や「記録」を中心とした判断を下す〈戦い方〉を学んだのだ。

初期のゲリラたちの〈戦い方〉は、日本から入ってきた写真や史料を借りて、それらを翻訳して解説を付けるという形で韓国内に紹介するという方法だった。だが今では、そのレベルを脱して、韓国内に韓国語で残されていた史料を自ら探し出し、確認、検証をしていく段階にまで進んでいる。

そして、あるゲリラはそれらの史料を集め、自分たちだけの「コンテンツ」を作り始めた。そして、その内容に共感する人々も増え始めたのである。もちろん、全体から見ればインターネット上のほんの片隅で起こっている出来事に過ぎないのだが。

## 韓国政府の「ゲリラ」殲滅作戦

韓国の近現代史や日韓関係について、韓国に不利な事実や韓国の主張している意見の矛盾点をつくようなブログ、フェイスブック等の記事が増えることについて、脅威を感じる存在がいる。これまで「反日」を煽る情報を提供し、「反日」素材を用いて魔女狩りをするなど、反日を以て韓国社会を支配してきた人々である。

彼らにとって、インターネット上で「ゲリラ戦」をしている正体不明の匿名ネットユーザーたちは脅威に他ならない。目に見えない敵は、目に見える敵よりも厄介な存在だからだ。

大学教授や著名作家のように、対象がはっきりしている相手であれば、物理的な暴力をふるい脅迫したり、巨額訴訟を起こすなどのプレッシャーを与えることで活動を萎縮させたり、あるいは魔女狩りによって社会生活が不可能な状況へと追いやることも可能だ。

だが、匿名空間で非組織的な活動をしているゲリラたちを止めることは容易ではない。

このような「ゲリラ」たちを鎮圧するために、韓国政府が使おうとしているのが「放送通信委員会の設置及び運営に関する法律」という名の武器だ。この法律は国民に危害を加えると判断される放送、インターネット等を遮断する権利を国に保障する法律だ。つまり、ゲリラたちが運営するブログやSNSを一般ネットユーザーが閲覧できないように遮断することができるのだ。

国家により有害サイト、有害な内容だという指定を受けると、韓国内ではその内容を閲覧できない。過去に、この法律が適用されたのは、主に不法賭博、ポルノサイト、そして、北朝鮮のサイトなどであった。しかし近年、慰安婦、独島、歴史問題等に言及したコンテンツにもこの法律が適用されるケースがしばしば出てきた。

慰安婦、独島等に関連する内容だとしても、それが、韓国政府、社会の常識と一致している限りは、遮断されることはない。だが、その常識に反する内容が含まれていれば、その意見は抹殺されかねないということだ。

もちろん、海外のプロキシサーバを迂回して接続すれば、それを見ることはできる。だが、それができるスキルを持ち合わせていない人は、ゲリラたちの情報に触れることができなくなるだろう。そうなればゲリラたちの声は届かなくなってしまう。

インターネット上のみでしか活動できないゲリラにとって、このような遮断は致命傷になりかねない。そのため、彼らは、韓国内のブログやSNSから脱し、海外のサービスを利用する「インターネット亡命」を試みているが、海外のサービスであっても、特定のページに対しては、韓国政府が閲覧できないようにすることはある程度可能であり、完全な防衛策にはならないのだ。

このような、特定の内容に対する遮断は、韓国政府の監視やパトロールによるものより、申告、あるいは密告によりなされる場合が多い。ゲリラたちのコンテンツを見た人の中には、その主張が反国家的で、売国奴や親日派が主張するもので、慰安婦や独立運動家を侮辱したと感じる人もいる。それは、個人であるケースも、市民団体やボランティア団体であるケースもある。

彼らは、情報通信部や慰安婦支援団体、あるいは、独立運動家記念事業会にゲリラの主張を通報し、措置をとるように求める。政府や慰安婦支援団体もそれらすべてに対応するというわけではないだろうが、無視できない内容だと判断すれば、情報遮断に踏み切ったり、あるいは告訴することで、それを主張する者にプレッシャーをかけていく。

それらの中には、確かに慰安婦や独立運動家を人格的に冒瀆するような内容のものがあるのも事実である。しかし配慮に気を配った言葉で矛盾を指摘するものや、周到に問題提起をしているものについても「遮断」というレッドカードが提示されているケースもあるという点は無視できない。

慰安婦や独島問題について、韓国側にとって「不都合な真実」を整理し公開してきた結果、情報通信部により「遮断」処分を受けたある「ゲリラ」に、その処分に対する所感を尋ねてみたことがある。

「表現の自由に対する弾圧だ」と、怒りを感じているに違いないと思っていたのだが、彼は意外にも笑顔だった。彼によると、自身の主張を韓国社会が不都合だと考え、それを有害だと判断したことは、自分にとって「勲章」のようなものだと語った。そして、自身の主張に共感してくれる人が増えつつあることに対して少なからず満足しているようだった。

## 憎しみをなくすため努力する人々

日本マスコミのソウル前支局長に対する韓国検察による召喚調査や、韓国内のインターネット情報遮断措置等の例を見れば、韓国は情報統制国家で、言論の自由がない国のように見えるかもしれない。そして、その中で魔女狩りや暴力によってスケープゴートになっている人に同情し、今後の韓国や日韓関係について悲観する人もいることだろう。

だが私は、まだ希望は十分にあると考えている。少数ではあるものの、韓国には真実を伝えようとする勇気のある学者、作家、知識人がいるし、インターネット上で活動している「ゲリラ」たちがいるためだ。

それは、彼らが韓国の常識や国益に反する主張をしているためではない。韓国側の主張の中にある誤りや誤解、そして、韓国社会に広がっている都市伝説に対する彼らの指摘が、日本に対する〈憎悪〉を和らげるきっかけとなっていくはずだと考えているからである。

韓国で左派が政権を握ろうと、右派が政権を握ろうと、日本との関係が急激に好転するというのは期待できないだろう。従って、政治よりも期待できるのは、ここまでに述べてきた少数の勇気ある知識人たちすなわちモンスター・バスターズと、ゲリラたちである。彼らの勇気と努力が正当な評価を受けた時、韓国社会を長い間支配してきたモンスターは倒れ、韓国社会は色眼鏡なしで日本を直視することができるようになるだろう。

最近の韓国の反日感情に関するニュースを見て、諦観を抱いた日本人も少なくないことだろう。しかし、「日本の反応」にいちいち神経を尖らせることなく、自らの意志と良心に従い行動する人たちも韓国内には確かに存在するのだ。私は、彼らの存在がいつか、韓国社会をモンスターによる支配から救うことになると確信している。たとえ、これからも多くの犠牲者が出て、多くの時間がかかるにしても。

注3　ＯＥＣＤの国際成人リテラシー調査 international adult literacy survey と同項目のテストを韓国教育開発院が別途で施行した結果の比較による

# あとがき

私が、最初に韓国の反日問題に関心を持つようになったのは、二〇〇〇年頃、日本に留学していた時のことだ。ちょうど、ブロードバンド・インターネットが日本に普及した頃だったのだが、おかげで私は日本にいながらにして、インターネットを通し、韓国のニュースもリアルタイムで目にすることができた。

それまで、韓国で過ごした時分に得ていた日本に関する情報は、ほとんどが韓国マスコミを通して獲得した「間接」情報であり、韓国マスコミの意図が反映された、限られた情報だった。それが渡日により「直接情報」となり、同時にインターネットを通して韓国のニュースにも触れることで、(日本に対する)日韓双方のニュースの「差違」を体感できるようになったのだ。

そして私は一つの事件に対してでも、「日本のマスコミ」が伝えるものと、「韓国のマスコミ」が伝えるものに大きな違いがあるケースを、いくつも目撃した。もちろん日本国内だけを見ても、伝えるメディアによって多少内容が違っていたり、論調が異なっていることはある。しかし、韓国マスコミの報道には、日本に対する不正確な事実や拡大解釈により、どうにかして日本を否定的に伝えたいという意図が見え隠れするような記事が多かったのだ。それは「誤訳」によって起こる場合もあったし、明らかに「意図的」である場合もあった。

この事実に驚かされた私は、そのような事例をスクラップするようになった。これが、私が「反日ウォッチャー」となったきっかけである。

それは単純な「間違い探し」から始まったのであるが、好奇心の赴くままにより多くの資料に触れより多くの体験をするうちに、それが単純にマスコミの「感情」によるものではなく、韓国社会全体の構造的な問題に起因するものではないかと感じるようになった。マスコミも、それを構成する一部に過ぎないということだ。そして日本に対する否定的な見解は、単純に「歴史」のみに起因するものではなく、韓国人の思考パターン、習性、政治、イデオロギー、経済的問題、などが複雑に絡み合ったものであるということ、そして、それを利用する人がいるということに気づいた時には、虚しさを感じると同時に悲しくなった。

それ以来、反日を煽動する行為を批判し、それを伝える作業を行ってきたが、今のところ一個人の小さな活動に過ぎない。そしてときどき韓国内で起こる魔女狩り《マニョサニャン》や物理的暴力等に対する記事に触れると、萎縮してしまうことも事実だ。モンスターの脅威を、そしてそれが私自身に及ばないとも限らないことを感じずにはいられないからである。

しかし新聞やTVからだけでは知ることのできない、「反日の裏側」についてこのような形で伝えることで、人々が怪物《ケムル》の特徴を理解し、ひいてはモンスターを倒すための一助となればいいと願っている。モンスターが倒れる日、すなわち数十年間韓国社会を支配してきた「強迫観念」から解放される時こそが、韓国にとって真の意味での「解放」の日となるだろう。

最後に、私の所見を一冊の書物の形で発信する機会を与えてくれた講談社に、感謝の言葉をお伝えしたい。正直に申し上げると、原稿を書き終えた後に見せていただいたカバーの怪物〈ケムル〉のイラストは、想像以上に強烈で少し驚いた（書店でこの本を目にした方も、私と同じように驚かれたのではないかと思う）。モンスターは韓国人の心の中に住んでいる。どんな姿をしているのか……実はそれについて私自身は想像してみたことがないのだが、正解はこの本の中身を読んだ後に読者の皆さまに決めてもらえればいいと思っている。

二〇一四年十一月

崔　碩栄

**崔 碩栄**

1972年ソウル生まれ。1999年来日し、関東地方の国立大学大学院で教育学修士号を取得。大学院修了後は劇団四季、ガンホー・オンライン・エンターテイメントなど日本の企業で、国際・開発業務に従事する。10年間の日本生活の中、韓国で聞かされてきた日本の「姿」と直接体験した日本の「実態」との乖離に疑問を抱くようになる。退職後2009年、帰国し、フリーのノンフィクション・ライターに転身。韓国内の反日と日韓関係をテーマに執筆活動を行う。

著書に『韓国言論の理由なき反日〜キムチ愛国主義』(韓国で出版)、『韓国人が書いた 韓国が「反日国家」である本当の理由』、『韓国で行われている「反日教育」の実態』(以上、彩図社)などがある。

講談社＋α《プラスアルファ》新書 682-1 C

「反日《はんにち》モンスター」はこうして作《つく》られた

狂暴化する韓国人の心の中の怪物〈ケムル〉

崔《チェ》 碩栄《ソギョン》 

2014年12月22日第1刷発行

発行者―――鈴木 哲

発行所―――株式会社 講談社

東京都文京区音羽2-12-21 〒112-8001

電話 出版部(03)5395-3532

販売部(03)5395-5817

業務部(03)5395-3615

装画―――株式会社リレーション

デザイン―――鈴木成一デザイン室

カバー印刷―――共同印刷株式会社

印刷―――慶昌堂印刷株式会社

製本―――株式会社若林製本工場

定価はカバーに表示してあります。

落丁本・乱丁本は購入書店名を明記のうえ、小社業務部あてにお送りください。

送料は小社負担にてお取り替えします。

なお、この本の内容についてのお問い合わせは生活文化第三出版部あてにお願いいたします。



Printed in Japan

ISBN978-4-06-272882-9

講談社+α新書

「リアル不動心」 メンタルトレーニング
佐山 聡
初代タイガーマスク・佐山聡が編み出したストレスに克つ超簡単自律神経トレーニングバイブル
840円 680-1 A

人生を決めるのは脳が1割、腸が9割！
「むくみ腸」を治せば仕事も恋愛もうまく行く
小林弘幸
「むくみ腸」が5ミリやせれば、ウエストは5センチもやせる、人生は5倍に大きく広がる!!
840円 681-1 B

「反日モンスター」はこうして作られた
狂暴化する韓国人の心の中の怪物〈ケムル〉
崔 碩栄
韓国社会で猛威を振るう「反日モンスター」が制御不能にまで巨大化した本当の理由とは!?
890円 682-1 C

表示価格はすべて本体価格（税別）です。本体価格は変更することがあります